乡村振兴背景下新质生产力赋能农村发展的实践研究

田连伟 ◎ 著

中国华侨出版社
·北京·

图书在版编目（CIP）数据

乡村振兴背景下新质生产力赋能农村发展的实践研究 /
田连伟著. -- 北京：中国华侨出版社, 2024.10.
ISBN 978-7-5113-9321-0

Ⅰ.F323

中国国家版本馆 CIP 数据核字第 20240DF189 号

乡村振兴背景下新质生产力赋能农村发展的实践研究

| 著　　者：田连伟
| 责任编辑：陈佳懿
| 封面设计：徐晓薇
| 开　　本：710 mm×1000 mm　1/16 开　印张：12.25　字数：187 千字
| 印　　刷：北京四海锦诚印刷技术有限公司
| 版　　次：2025 年 3 月第 1 版
| 印　　次：2025 年 3 月第 1 次印刷
| 书　　号：ISBN 978-7-5113-9321-0
| 定　　价：68.00 元

中国华侨出版社　北京市朝阳区西坝河东里 77 号楼底商 5 号　邮编：100028
发 行 部：（010）88893001　　　传　　真：（010）62707370

如果发现印装质量问题，影响阅读，请与印刷厂联系调换。

前　言

乡村振兴战略的提出，标志着中国在实现全面建成小康社会目标过程中对农村发展的高度重视。传统的生产力与农村发展的需求之间存在一定的矛盾，特别是在经济转型升级、社会治理、生态保护和人力资源开发等方面。新质生产力，作为一种集成了新技术、新业态和新模式的生产力质态，为这些挑战提供了新的解决方案。它不仅关注技术的更新和产业的升级，更注重生产力与社会、文化、生态等方面的互动与融合。本书旨在系统研究新质生产力在乡村振兴中的作用与影响，探讨其如何赋能农村发展。首先，明确新质生产力的概念及特征，建立其与乡村振兴之间的理论联系，为后续研究提供理论基础。其次，分析新质生产力如何推动农业生产力的转型升级，促进农村产业的多元化和高质量发展，挖掘其在农业现代化中的关键作用。再次，进一步探讨新质生产力对农村社会治理、生态文明建设及人力资源发展的影响，提供创新的治理模式和实践经验，以助力构建可持续的农村发展体系。最后，评估新质生产力在乡村振兴战略中的实际应用情况，分析其在推动农村经济社会发展中的前景，为政策制定者和实践者提供有价值的参考。

本书的研究在理论和实践层面均具有显著的意义。在理论上，通过对新质生产力与乡村振兴的深入探讨，填补了该领域的知识空白，推动了两者交叉领域的学术研究。尤其是本书揭示了新质生产力在推动乡村振兴中的作用机制，为学界提供了新的视角和理论框架，有助于深化对乡村振兴战略的理解。在实践上，本书为政策制定者和实践者提供了切实可行的理论支持和操作指南，特别是在如何将新质生产力有效转化为推动农村经济和社会发展的实际力量方面。通过系统分析新质生产力在农村产业发展、社会治理、生态建设及人力资源等方面的具体应用，本书为乡村振兴战略的实施提供了宝贵的参考和实践经验。这不仅有助于优化农村发展政策和实施路径，还能推动农村经济的全面可持续发展，从而在更广泛的层面上促进社会和谐与经济进步。

目 录

第一章 新质生产力与乡村振兴的理论基础 … 1
第一节 新质生产力的概念与特征 … 1
第二节 乡村振兴的内涵与发展路径 … 9
第三节 新质生产力与乡村振兴的互动关系 … 13
第四节 理论模型与实践路径的研究方法 … 21

第二章 新质生产力赋能农村产业发展的路径 … 28
第一节 农业生产力的转型升级 … 28
第二节 农村工业与制造业的高质量发展 … 37
第三节 农村服务业的发展与提升 … 46
第四节 农村资源的高效配置与利用 … 55

第三章 新质生产力对农村社会治理的影响 … 64
第一节 农村社会结构的变化与治理需求 … 64
第二节 农村社会组织 … 70
第三节 农村文化与社会心理的变迁 … 74
第四节 乡村治理模式的创新与实践 … 83

第四章 新质生产力驱动下的农村生态文明建设 … 90
第一节 农村生态环境的现状与挑战 … 90
第二节 生态农业与绿色生产方式 … 98
第三节 农村可再生资源的开发与利用 … 107
第四节 农村生态治理与环境保护 … 116

第五章　新质生产力对农村人力资源发展的影响 ·············· 124

第一节　农村人口结构的变化与人才需求 ················ 124
第二节　农村教育与人力资源开发 ···················· 132
第三节　农村劳动力市场的变革 ····················· 140
第四节　人力资源政策与农村发展的协同 ················ 149

第六章　乡村振兴战略下的新质生产力实践应用 ·············· 156

第一节　新质生产力应用的现状分析 ··················· 156
第二节　农村发展中的创新模式 ····················· 161
第三节　新质生产力与农村经济的融合发展 ··············· 169
第四节　新质生产力赋能农村发展的前景 ················ 175

结　语 ································ 184

参考文献 ······························· 185

第一章 新质生产力与乡村振兴的理论基础

第一节 新质生产力的概念与特征

一、新质生产力的定义与内涵

在现代经济快速发展的背景下,新质生产力作为一种全新的经济增长驱动力,正逐渐成为各国经济转型和升级的核心。新质生产力不仅是传统生产要素的简单叠加,更是通过技术创新、知识管理、信息化应用和绿色发展等多维度的提升,实现对经济增长的有效推动。它标志着经济发展从资源驱动向创新驱动的转型,是现代经济中关键的竞争力来源。下面将深入探讨新质生产力的定义与内涵,并分析其发展背景、构成要素以及在现代经济中的作用,以期为理解这一重要经济现象提供全面的视角。

(一)新质生产力的基本概念

新质生产力是指在经济发展和技术进步的背景下,通过创新和提升生产要素的跃升,实现对经济增长推动力和竞争力的提升。它不局限于传统的劳动、资本和自然资源的投入,更强调技术创新、知识管理、信息化和绿色发展等新型要素的综合运用。新质生产力体现了经济发展从资源驱动向创新驱动转型的趋势,是现代经济中核心竞争力的体现。例如,智能农业中的精准灌溉技术和无人机监测系统就是新质生产力在农业领域的具体应用,它们不仅提升了农业生产的效率,还促进了资源的优化配置。

(二)新质生产力的发展背景

新质生产力的发展背景主要是全球化进程、科技革命以及环境保护和可持续发展受到重视，全球化进程的加速使市场范围不断扩大，各国在国际竞争中不断寻求技术创新和生产力提升，以保持经济优势。这一过程推动了全球范围内对新技术和新方法的广泛应用。科技革命，特别是信息技术、生物技术和人工智能（AI）的快速发展，为新质生产力的提升提供了强大支持。信息技术的普及使得数据处理和智能决策成为可能，而生物技术和人工智能的突破则推动了生产工艺和管理模式的创新。环境保护和可持续发展成为全球经济的重要议题，要求经济活动在追求经济效益的同时必须关注社会效益和环境效益。这些背景因素的综合作用推动了新质生产力的形成，使得经济发展更加注重质量、效率与可持续性。

（三）新质生产力的构成要素

新质生产力的构成要素包括创新能力、技术水平、知识资本、信息化程度和绿色发展能力。创新能力是推动生产力提升的核心，包括研发能力和技术应用能力。技术水平涉及现代化生产设备和先进生产工艺。知识资本指的是在生产过程中的专业知识和技能应用。信息化程度包括信息技术运用和数据管理能力，而绿色发展能力关注环境友好生产方式和可持续资源利用。这些要素相互作用，共同促进新质生产力的形成和提升。例如，企业在生产过程中应用人工智能技术，结合先进的制造设备和精准的数据分析，不仅提升了生产效率，还减少了能源消耗和废弃物排放，体现了新质生产力的特点。

（四）新质生产力在现代经济中的作用

新质生产力在现代经济中发挥着关键作用，是经济增长的新引擎，通过创新和技术进步推动产业升级和经济结构调整。新质生产力有助于提高资源使用效率，减少浪费，实现可持续发展。例如，智能制造通过优化生产流程和自动化技术，显著提升了生产效率和产品质量，同时减少了生产过程中的资源消耗和环境影响。新质生产力还促进了新兴产业的快速发展，如信息技术产业、绿色能源产业等，为经济注入了新的活力和竞争力。总的来说，新质生产力不仅改变了传统经济的运行方式，还为现代经济的发展提供了新的动力和方向。

新质生产力作为现代经济发展的核心因素，涵盖了从传统生产要素到创新、技术、知识和环境综合要素的转型。它在全球化加速、科技革命推进和环境保护重视的背景下得到了快速发展，这一背景因素不仅推动了新质生产力的形成，也使得经济发展更加注重质量和效益。新质生产力的应用在现代经济中表现为推动产业升级、提高资源使用效率、促进新兴产业发展和实现可持续发展等多个方面，为经济注入了新的活力和方向。总的来说，新质生产力不仅改变了传统的经济运行模式，还为未来经济的可持续发展提供了强大的动力。

二、新质生产力的基本特征

在当今全球经济的快速变革中，新质生产力成为推动经济发展的核心驱动力。其基本特征包括技术驱动和创新性、系统性和整合性、高效性和可持续性、智能化和数字化。这些特征不仅标志着生产力的显著提升，也代表了生产过程、产业链以及资源管理的全新模式。通过深入探讨这些特征，可以更好地理解新质生产力如何在现代经济环境中发挥关键作用。

（一）技术驱动和创新性

新质生产力的核心特征之一是其强大的技术驱动和创新性，技术进步是推动新质生产力提升的关键因素。随着信息技术、人工智能、生物技术等领域的突破性进展，新质生产力的表现形式也不断丰富和演变。例如，人工智能技术在制造业中的应用，使得生产线上的设备能够自主调整，优化生产流程，提高产品质量。这种技术驱动不限于制造业，还广泛应用于医疗、金融等领域。例如，基因编辑技术在农业中的应用能够提高作物的抗病性和产量，极大地推动了农业生产力的提升。创新性在新质生产力中占据重要地位，推动了生产方法、管理模式和业务模式的不断革新。例如，传统零售行业通过电商平台，实现了线上线下的融合，优化了供应链和客户体验。新质生产力通过技术和创新的双轮驱动，显著提高了生产效率和市场竞争力。

（二）系统性和整合性

新质生产力的核心特征之一是其系统性和整合性，这在生产过程和产业链的全面优化中尤为突出。新质生产力不仅关注单一环节的改进，还强调各环节的协调与整合。在智能制造领域，通过将物联网、大数据分析和云计算技术整合，企业能够实现生产设备的远程监控和实时数据分析，从而提高生产的灵活性和响应速度。这种整合不仅提升了生产效率，还使得生产过程更加智能化，能够实时适应市场需求的变化。系统性和整合性在供应链管理中也发挥了重要作用。现代企业通过整合供应链中的各个环节，优化资源配置，提升整体效率。以全球知名的产品制造商苹果公司为例，其高度整合的供应链管理系统实现了全球范围内的精准生产和库存管理，这显著提升了供应链的效率和响应能力。这种系统化和整合性的优化不仅提升了企业的市场竞争力，还增强了其在复杂环境中的适应能力。

（三）高效性和可持续性

新质生产力在推动经济增长时，尤为注重高效性和可持续性。高效性主要体现在生产过程中，最大限度地提升资源使用效率。例如，引入先进的生产设备和优化生产流程可以显著提高生产效率，同时减少能源和原材料的消耗。绿色生产技术的应用在推动可持续性方面发挥了关键作用。绿色技术减少了温室气体排放和其他有害物质的释放，从而减轻了对生态环境的影响。可持续性同样体现在产品的生命周期管理上，从产品的设计、生产到回收利用的每一个环节都要考虑环保因素。许多电子产品制造商已经开始采用可回收材料和环保设计，以降低产品对环境的长期影响。例如，一些公司在设计阶段就考虑到产品的拆解和回收，确保材料能够得到有效利用而不是被丢弃。新质生产力通过高效性和可持续性双重驱动，不仅提升了生产效率和经济效益，还促进了环保和资源节约，推动了绿色经济的发展。

（四）智能化和数字化

智能化和数字化是新质生产力的重要特征之一，这一特征表现在生产过程的智能控制和数据驱动决策上。智能化使得生产过程能够通过先进的传感器、人工智能算法和自动化系统实现自我调节和优化。例如，工厂通过使用机器人和自动化设备，不仅提高了生产效率，还减少了人工操作中的失误和不确定性。数字化则表现为信息技术在生产管理中的广泛应用，数据驱动的决策使得企业能够实时监控生产状态，分析生产数据，并做出及时调整。例如，通过大数据分析，企业可以预测市场需求变化、优化生产计划，从而减少库存和提高市场响应速度。智能化和数字化的应用提升了生产过程的精确度和效率，同时也推动了生产模式的革新，使得企业能够在竞争激烈的市场中保持领先地位。

新质生产力以技术创新和系统整合为基础，推动了生产效率和市场竞争力的提升，其技术驱动和创新性带来了生产方法和业务模式的革新，系统性和整合性优化了产业链的各个环节，高效性和可持续性实现了经济和环境的双重利益，而智能化和数字化则提高了生产过程的精确度和响应速度。通过这些综合特征，新质生产力不仅在现代经济中发挥着关键作用，也为未来的发展奠定了坚实的基础。

三、新质生产力与传统生产力的区别

在经济发展的不同阶段，生产力的形式和内涵不断演变，从传统生产力到新质生产力的过渡，标志着技术进步和生产模式的深刻变革。传统生产力主要依赖劳动力、资本、自然资源和技术的结合，尽管在其时代取得了显著成效，但也受到其固有限制的制约。随着信息技术和智能化技术的发展，新质生产力应运而生，通过引入数据分析和智能决策机制，极大地扩展了生产力的表现和应用范围。下面将详细探讨传统生产力的核心要素、新质生产力对传统生产力的扩展、新旧生产力的影响机制对比，以及新质生产力相对于传统生产力的优势。

（一）传统生产力的核心要素

传统生产力的核心要素主要包括劳动力、资本、自然资源和技术，这些要素共同作用，实现了生产过程。劳动力是生产过程中不可或缺的组成部分，决定了生产的劳动强度和效率。资本则包括厂房、机器设备等生产资料，对提高生产能力至关重要。自然资源为生产提供了原材料支持，如矿产资源、农作物等。技术则影响生产过程的优化程度，传统生产力依赖手工业和简单机械技术，这些技术

虽然成熟但限制了生产的扩展性。例如，19世纪的工业革命通过蒸汽机的应用大幅提升了生产效率，标志着传统生产力的显著发展。

（二）新质生产力对传统生产力的扩展

新质生产力是在传统生产力的基础上，随着信息技术、自动化技术和智能化发展而形成的生产力质态。它不仅延续了传统生产力的核心要素，还引入了新的要素，如数据、智能算法和网络系统。新质生产力通过数字化和智能化手段，极大地提升了生产的效率和灵活性。例如，"工业4.0"时代，通过物联网和大数据分析，实现了生产设备的实时监控和优化，从而提高了生产的自动化程度和精准度。这种扩展使得生产系统能够更快地响应市场需求变化，实现了生产模式的转型升级。

（三）新旧生产力的影响机制对比

新旧生产力在影响机制上存在显著差异。传统生产力主要依赖于劳动力的直接投入和物理资本的增加，其效益提升较为线性和缓慢。而新质生产力则通过信息化、智能化手段进行生产优化，影响机制更加复杂和动态。例如，人工智能和机器学习可以通过分析大量数据来预测市场趋势、优化生产过程，从而实现效率的飞跃性提升。传统生产力的优化多依赖于增加物理资本和改进劳动组织，而新质生产力则侧重于利用数据和智能系统提高生产决策的科学性和及时性，带来更高的生产灵活性和响应速度。

（四）新质生产力对传统生产力的优势

新质生产力相较于传统生产力具有显著的优势。新质生产力通过自动化和智能化技术显著提升了生产效率和产品质量。自动化设备和智能系统能够持续稳定地进行生产，减少了人为操作中的失误，提高了生产精度。新质生产力具备更强的适应性，能够迅速响应市场变化和需求波动。传统生产力通常依赖于固定的生产流程和周期，面对市场变化时响应较慢。而新质生产力利用实时数据和预测分析技术，使得生产计划可以灵活调整，及时满足市场需求。例如，通过大数据分析，企业能够预测需求变化，及时调整生产策略，避免了传统生产中常见的库存积压和资源浪费。数据驱动的决策机制使生产过程更加科学化和精准化，新质生产力通过集成数据采集、分析和反馈机制，能够优化生产流程，减少资源浪费。人工智能技术在生产调度中的应用使得生产计划能够实时优化，从而降低库存量，提高生产效率，并缩短交货时间。

新质生产力的出现不仅延续了传统生产力的基础要素，还引入了信息化、智能化的先进技术，使生产效率和灵活性得到了显著提升。新质生产力在生产机制上的复杂性和动态调整能力远超传统生产力，能够通过数据驱动的决策机制实现精准化生产，减少资源浪费，并快速响应市场需求。这种转型不仅提升了生产质量和效率，还增强了企业在现代经济环境中的竞争力。新质生产力的这些优势预示着未来生产模式的进一步优化和创新，为经济发展提供了更为广阔的前景。

四、新质生产力对乡村发展的重要性

新质生产力的引入为乡村发展带来了深远的变革，推动了农村产业结构的调整和农业生产的现代化。传统农业模式依赖人力和基础机械，难以应对现代市场需求和环境变化。然而信息技术、智能化手段以及数字农业的发展，使得乡村经济得以优化和升级，催生了包括农业＋科技、农业＋旅游等多元化的产业结构。这些新技术不仅提升了农业生产效率和质量，还改善了农村社会治理和服务，促进了生态环境保护和可持续发展。新质生产力在推动乡村全面进步方面展现了其强大的潜力。

（一）推动农村产业结构调整

新质生产力的引入对于推动农村产业结构调整具有重要作用，传统农业主要依赖于人力劳动和基础机械设备，产业结构相对单一，难以适应现代市场需求的变化。[1]新质生产力通过信息技术和智能化手段，促使农村经济结构发生深刻变革。例如，数字农业的兴起使得农民能够通过智能设备和数据分析优化种植结构

---

[1] 陈健，张颖，王丹．新质生产力赋能乡村全面振兴的要素机制与实践路径［J］．经济纵横，2024(4)：29-38．

和生产方式，从而引导农村产业向高附加值和多样化方向发展。智能农业系统可以帮助农民分析土壤质量、作物生长状态以及市场需求，从而精准调整种植方案。这不仅提升了传统农业的生产效率，还推动了农村产业向农业＋科技、农业＋旅游等多元化方向发展。通过这种方式，乡村可以摆脱单一的农业模式，形成包括农业、生态旅游、乡村服务等多种业态的综合性产业结构，实现经济的全面提升。

（二）提高农业生产效率和质量

新质生产力在提高农业生产效率和质量方面发挥了至关重要的作用，传统农业生产效率受限于劳动力的投入和基础机械的性能，生产过程中的误差和资源浪费较为严重。新质生产力通过引入先进的自动化设备、智能传感器和大数据分析，大幅提高了农业生产的效率和产品质量。例如，精准农业技术利用卫星定位和传感器技术对土壤、作物进行实时监测，实现精准施肥和灌溉，从而优化资源使用，减少浪费。这种技术能够显著提高作物产量和质量，并减少对环境的负面影响。某些地区通过无人机进行植保作业，不仅减少了对化学药品的使用，还提高了施药的均匀性和精准度，极大地提升了农业生产的综合效益。

（三）改善农村社会治理和服务

新质生产力在改善农村社会治理和服务方面也发挥了积极作用，传统农村治理模式往往依赖于手工管理和低效的行政手段，信息传递和资源配置效率较低。新质生产力通过数字化和智能化技术，引入了智能管理系统和在线服务平台，有效提升了治理效率和服务质量。例如，数字乡村建设通过建立信息化平台，实现了从人口管理到社会服务的全面数字化，乡村居民可以通过网络平台办理各种事务，提升了服务的便捷性和透明度。数据分析和人工智能技术的应用可以帮助政府和社区更精准地识别问题和需求，制定更加科学的治理策略，从而提升公共服务和社会管理水平。

（四）促进生态环境保护和可持续发展

新质生产力对于促进生态环境保护和可持续发展具有显著意义，传统农业和乡村发展模式往往忽视环境保护，导致土地退化、水源污染等问题。新质生产力通过智能化和数据驱动的技术手段，实现了对生态环境的科学管理。例如，智能监测系统可以实时跟踪土壤和水体的污染状况，及时采取措施进行修复。绿色农业技术（如精准施肥和生物防治方法），能够减少化学品的使用，降低对环境的负面影响。例如，某些地区通过引入生态农业系统，不仅提高了农作物的生产效益，还有效保护了当地的自然生态，实现了经济发展与生态保护的双赢。新质生产力在推动可持续发展方面展现了其巨大的潜力，有助于实现更加绿色、健康的乡村环境。

新质生产力在乡村发展中的重要性不可忽视，其通过推动农村产业结构调整、提升农业生产效率和质量、改善社会治理和服务以及促进生态环境保护，全面提升了乡村经济和社会发展水平。数字技术和智能化手段的应用，打破了传统农业模式的局限，实现了产业的多样化和资源的高效利用。最终，新质生产力不仅为乡村经济注入了新的活力，也为实现绿色、可持续的乡村环境提供了有力支持。

第二节 乡村振兴的内涵与发展路径

一、乡村振兴的内涵

乡村振兴作为一种发展战略，旨在实现乡村的全面进步和可持续发展。其发展措施涵盖经济、社会、环境等多方面，体现了对传统乡村发展模式的深刻反思和系统规划。自20世纪初以来，中国的乡村发展经历了从传统农业社会到现代市场经济的演变，而2017年提出的乡村振兴战略则标志着这一发展过程的深化。通过产业兴旺、生态宜居、乡风文明、治理有效和生活富裕五大核心理念，乡村振兴致力于破解传统乡村发展的瓶颈，实现乡村经济、社会和环境的全面协调发展。

（一）乡村振兴的定义

乡村振兴是指通过综合措施提升乡村经济、社会和环境的整体发展水平，以实现乡村全面进步和持续发展的战略目标。它不仅涉及经济增长，还包括社会治理、生态环境保护和文化传承等方面。具体而言，乡村振兴的定义涵盖了提升农业生产力、改善农村基础设施、促进农民生活水平提高和推动乡村社会服务的全面提升。例如，中国提出的乡村振兴战略，强调以经济发展为基础，通过产业兴旺、生态宜居、乡风文明、治理有效和生活富裕五大方面综合推进，以实现乡村的全面振兴。

（二）乡村振兴的核心理念

乡村振兴的核心理念在于通过综合改革和协调发展，破解传统乡村发展中的瓶颈，实现乡村经济的长远发展。核心理念强调"产业兴旺"，即以现代农业和乡村产业融合推动经济增长；"生态宜居"突出环境保护和可持续发展的重要性，确保乡村在发展中保持生态平衡；"乡风文明"则注重文化传承和社会风尚的改善，提升乡村居民的生活质量和文化认同；"治理有效"关注乡村治理体系的完善，提升公共服务和管理水平；"生活富裕"致力提高农民的收入和生活水平，实现共同富裕。例如，某地通过发展乡村旅游和生态农业，不仅增加了村民的收入，还提高了乡村的环境质量，体现了这一核心理念的实际效果。

（三）乡村振兴与农村发展的关系

乡村振兴与农村发展密切相关，但二者也有所不同。农村发展通常指的是农村地区在经济、社会和环境方面的逐步改善，目标主要集中在提高农民生活水平和改善基础设施。乡村振兴则是一个更为系统化和战略性的过程，涵盖了更广泛的领域和更高层次的目标。乡村振兴不仅包括农村经济的发展，还着重强调生态保护、文化传承和社会治理的协调进步。它是一种全面提升乡村各个方面的长期战略，旨在通过系统化的措施和整体规划实现乡村的全面进步。例如，在乡村振兴战略中，除推动经济增长外，还包括建立更加完善的社会保障体系和提升乡村文化建设水平，从而实现全面而持续的发展。

二、乡村振兴的实现路径与方法

乡村振兴战略是中国现代化进程中的重要组成部分，其核心目标是全面提升乡村的经济发展水平、生活质量和社会治理能力。这一战略不仅注重农业现代化，还涉及产业多元化、基础设施建设、社会治理创新以及政策支持与资源整合等。实现乡村振兴需要系统的路径和方法，从产业振兴到基础设施建设，再到社会治理与政策支持，各方面的协调与配合都是关键。通过推动农业现代化、发展乡村特色产业、改善基础设施、创新社会治理以及整合政策和资源，可以为乡村带来实质性的变化和长远的发展。

（一）产业振兴路径

产业振兴是乡村振兴的核心之一，涉及推动农业现代化和发展乡村特色产业。要加快农业现代化步伐，引进先进的农业技术和管理模式，如智能化种植系统和精准农业。这些技术能够提高生产效率，降低成本，同时提高农产品的品质。要发展乡村特色产业，如乡村旅游、农村电商和传统手工业。通过发展乡村旅游，可以增加农民收入。例如，某地通过打造"农耕文化体验区"，吸引了大量游客，促进了当地经济的增长。农村电商则通过互联网平台，帮助农民将农产品直接销售到各地，拓宽了市场渠道，提高了收入。传统手工业（如编织和陶艺）的复兴，不仅保留了传统工艺，也为村民创造了就业机会。

（二）基础设施建设方法

基础设施建设是乡村振兴的重要支撑，涉及交通、教育、医疗等方面。要完善乡村交通网络，通过修建或改造道路，连接城市和主要乡村，改善交通条件。这不仅便利了居民的出行，也为乡村经济的发展提供了保障。例如，某地通过改善交通，大幅缩短了运输时间，促进了农产品的流通。改善乡村教育和医疗设施是提升居民生活质量的关键。建设现代化学校和医疗中心，配备先进的教学和医疗设备，提高教育质量和医疗水平。还需加强供水、排污和电力等基础设施的建设，保障基本生活需求。

（三）社会治理创新策略

社会治理创新是实现乡村振兴的关键，旨在建立高效的治理体系和提高社会管理水平。[①]要加强基层组织建设，提升乡村治理能力。通过培训和引进现代管理理念，提升村干部的管理水平和服务能力。建立和完善社会治理机制，如设立乡村调解委员会，处理社区纠纷，促进社会和谐，增强社会稳定性。利用信息技术手段，如大数据和智能化管理平台，进行社会治理和公共服务管理，提高治理效率和透明度。

（四）政策支持与资源整合方式

政策支持与资源整合是实现乡村振兴的重要保障，涉及政府政策、财政投入和资源协调。政府应制定和实施支持乡村振兴的政策，如税收优惠、金融支持和项目补贴等。这些政策可以鼓励企业和个人投资乡村发展，推动产业和基础设施建设。财政投入应重点支持乡村振兴项目，确保资金的有效使用。通过设立专项基金和推进公私合营模式，吸引社会资本参与乡村建设。例如，某地通过政府与企业合作，共同投资建设生态农业园区，提升了农业生产效率和环境质量。资源整合也是关键，包括将社会资源和地方资源有效整合，形成协同发展合力。

乡村振兴的实现路径是多方面且系统化的。通过产业振兴，可以提升农业生产效率，推动乡村特色产业的发展，从而实现经济的多元化和收入水平的提升。基础设施建设是乡村发展的基础，交通、教育和医疗等设施的改善不仅提升了居民的生活便利性，也为经济发展提供了支持。社会治理创新则旨在提升治理能力和社会管理水平，通过加强基层组织建设、完善社会治理机制以及利用信息技术手段，促进社会和谐与稳定。政策支持与资源整合为乡村振兴提供了重要保障，政府的政策支持和财政投入，加上社会资源的有效整合，共同推动乡村的发展。这些路径和方法的实施，将为乡村振兴奠定坚实的基础，推动乡村实现可持续的全面发展。

---

① 李嘉凌. 乡村振兴背景下新质生产力赋能农业高质量发展研究[J]. 甘肃农业，2024(6)：21-25.

第三节 新质生产力与乡村振兴的互动关系

一、新质生产力对乡村振兴的推动作用

在中国乡村振兴战略的实施过程中，新质生产力作为推动乡村经济和社会发展的重要力量，发挥着至关重要的作用。新质生产力不仅包括科技创新和智能化技术的应用，还涵盖了生产管理模式的优化和产业结构的升级。它通过提升农业生产效率、推动农村产业结构升级、改善农村基础设施与服务以及促进乡村社会治理创新等方面的综合作用，有效地推动了乡村振兴的目标实现。下面将从这四个方面详细探讨新质生产力对乡村振兴的推动作用，揭示其在现代化进程中的关键影响。

（一）提升农业生产效率

新质生产力通过引入先进的科技手段和管理模式，显著提升了农业生产效率。以智能农业为例，通过应用物联网技术，农民可以实时监控土壤湿度、气象条件和作物生长状态，从而优化水肥管理，减少资源浪费。例如，农场利用无人机进行精准施肥和喷药，不仅提高了施药效率，还减少了化肥和农药的使用量，对环境保护也有积极作用。农业机器人和自动化设备的应用减少了对人工的依赖，提高了生产速度和精度。这些科技创新使得农业生产不再单纯依靠传统的经验和劳动力，而是依赖数据驱动的科学管理，大幅提升了整体生产效率。

（二）推动农村产业结构升级

新质生产力显著推动了农村产业结构的升级，促使传统农业与新兴产业实现融合发展。例如，在湖南省，政府大力推动以农业为基础的特色产业发展，辣椒

种植与深加工就是一个典型案例。当地通过建立专业化的产业园区和农民合作社，使辣椒的种植、深加工、销售形成了完整的产业链。这一模式不仅提升了辣椒产品的附加值，还推动了产业链条的延伸，实现了从原料供应到产品销售的全程控制，增强了市场竞争力。这种升级不仅使农业生产模式更加现代化，还带动了相关产业的发展，如辣椒的深加工促进了食品加工产业的发展。通过产业园区的建设和合作社的运作，农民不仅获得了技术支持，还享受到了规模经济带来的成本优势，进一步提高了收入水平。这种模式还创造了大量的就业机会，增强了农村的经济活力和社会稳定。

（三）改善农村基础设施与服务

新质生产力的应用有效改善了农村基础设施与服务，通过引入智能化和信息化技术，农村基础设施建设和管理效率得到了显著提升。例如，某些农村地区通过建设智能水利系统，实现了对水资源的精准调配和高效管理。信息化技术的普及也推动了农村交通、医疗、教育等服务设施的建设。例如，通过互联网医疗平台，乡村医生可以远程咨询专家，获取更专业的诊疗意见，提高了医疗服务的质量和可及性。智能交通系统则有助于提升道路的通行效率和安全性，为乡村居民的生活提供了更加便利的条件。

（四）促进乡村社会治理创新

新质生产力在推动乡村社会治理创新方面发挥了重要作用，借助大数据、人工智能等技术，乡村治理变得更加科学和高效。例如，通过建立智能化的社会管理平台，乡村干部可以实时掌握村民的动态和问题，从而采取更为精准的治理措施。科技手段的应用还促进了乡村民主治理的发展，如在线投票系统和村务公开平台的建设，提升了村民的参与感和满意度。以浙江省的"数字乡村"建设为例，通过大数据分析和信息化手段，该省有效解决了农村治理中的许多难题，提高了治理的透明度和效率，增强了乡村的整体治理能力。

新质生产力的引入和应用，为乡村振兴注入了新的活力。通过提升农业生产效率，科技手段的应用不仅使农业生产更加精准和高效，还减少了对自然资源的浪费。推动农村产业结构的升级，则促进了传统农业与新兴产业的深度融合，带动了经济的多元化和农村的整体发展。基础设施和服务的改善，借助智能化和信息化技术，显著提升了农村居民的生活质量和便利性。与此同时，乡村社会治理的创新，借助大数据和人工智能，使得治理过程更加科学和高效。总体来看，新质生产力在乡村振兴中的作用是全方位的，它不仅提升了农业生产的效率和经济效益，还推动了社会治理和基础设施建设的现代化，为实现乡村的全面振兴奠定了坚实的基础。

二、乡村振兴对新质生产力发展的需求

乡村振兴战略在推动农村现代化的过程中，迫切需要新质生产力的发展。技术创新、智能化设备、人才培训、资金投入和资源整合是实现这一目标的关键因素。随着农村经济的不断发展，传统农业生产模式已难以满足现代化的需求，推动技术创新成为提高生产力的核心。智能化设备的应用和系统的普及能够大幅提升农业生产的效率与质量，专业人才的培训和技术支持也是不可或缺的。为了确保乡村振兴的顺利实施，需要充足的资金投入和资源整合，以支持基础设施建设、产业发展和技术推广。通过综合施策可以为乡村振兴注入强大动力，实现农村经济的可持续发展。

（一）对技术创新的需求

乡村振兴战略的实施对技术创新提出了迫切的需求，随着农村经济的发展和产业结构的升级，传统的农业生产模式和管理手段已无法满足农业现代化的要求。因此，推动技术创新成为提升生产力和实现乡村振兴的关键。例如，精准农业技术的应用可以通过卫星遥感和地面传感器对土壤质量、作物生长状态进行实时监测，从而实现科学的施肥和灌溉。智能农业系统利用数据分析和机器学习技术优化农作物管理，提升生产效率。这些技术创新不仅能够提高农业生产的精确度和效率，还能够有效降低资源消耗和环境影响。以浙江省的数字农业示范区为例，

该地区通过引入先进的农业科技手段，成功实现了精准施肥和智能灌溉，大幅度提升了粮食生产的整体水平。

（二）对智能化设备和系统的需求

乡村振兴过程中，对智能化设备和系统的需求日益增长。智能化设备能够大幅提高农业生产的效率和质量，减少对人工的依赖。[①] 以智能农业机械为例，现代农业中引入了自动驾驶拖拉机、智能播种机和无人机等设备，这些设备能够在精准耕作、播种和喷洒农药方面发挥重要作用。例如，在江苏省的现代化农场中，自动驾驶拖拉机和智能播种机的应用，不仅提高了耕作效率，还确保了作物种植的一致性和质量。智能化系统也在农村基础设施中得到广泛应用，如智能水利系统能够实现对水资源的精确调控，智能交通系统提升了交通管理的效率。通过这些智能化设备和系统的广泛应用，乡村振兴的目标得以更加高效地实现，为农民提供了更加便捷和高效的生产方式。

（三）对人才培训和技术支持的需求

乡村振兴不仅需要先进的技术和设备，还需要专业的人才和技术支持。技术的引入和应用离不开具备相应知识和技能的专业人才。[②] 因此，乡村振兴过程中，对人才培训和技术支持的需求愈加迫切。例如，在山东省，地方政府和农业企业联合开展了农民技术培训班，旨在提升农民对新技术的掌握和应用能力。培训内容包括智能农业设备的操作、现代农业管理方法以及市场营销策略等。这些培训不仅提升了农民的技能水平，还增强了他们对新技术的适应能力和应用信心。技术支持方面，建立农业技术服务中心，为农民提供咨询、指导和技术支持，也极大地推动了乡村振兴的进程。通过系统的培训和持续的技术支持，乡村振兴的实施将更加顺利，农村经济的现代化步伐也将加快。

[①] 吴赢，黄晓．乡村振兴背景下社会企业赋能农村社区内生式创新体系研究［J］．农村经济与科技，2022,33(8)：133-136．

[②] 陈梦飞，高清峰．新型职业农民赋能乡村振兴路径研究［J］．合作经济与科技，2024(15)：83-85．

（四）对资金投入和资源整合的需求

实现乡村振兴和推动新质生产力的发展，需要大量的资金投入和资源整合。乡村振兴涉及的领域广泛，包括基础设施建设、产业发展、技术推广等，这就需要大量的资金支持。例如，在湖南省，为了支持辣椒产业的发展，地方政府和金融机构共同设立了专项资金，用于建设现代化的加工厂和农产品仓储设施。还通过政策引导，鼓励社会资本投资农村产业，形成多元化的投资渠道。资源整合方面，通过整合土地、资金和技术等资源，建立产业园区和合作社模式，实现资源的优化配置。例如，广东省通过建立农村产业融合发展基金，整合各类资源，推动了农业、旅游和电商等领域的融合发展。有效的资金投入和资源整合，不仅加快了乡村振兴的步伐，还提升了农村经济的整体活力和可持续发展能力。

乡村振兴对新质生产力的发展提出了多方面的需求，技术创新通过精准农业和智能农业系统提升了生产效率和环境保护水平。智能化设备和系统则显著提高了农业生产的质量和效率，减少了对人工的依赖。人才培训和技术支持的加强，有助于提升农民的技术应用能力和适应能力。充足的资金投入和有效的资源整合为乡村振兴提供了坚实的保障。综合这些因素，将有效推动乡村振兴战略的实施，加快农村经济的现代化进程，实现可持续发展。

三、新质生产力在乡村振兴中的实践应用

在推进乡村振兴战略的过程中，新质生产力的应用显得尤为关键。智能农业技术、数字化治理、绿色技术和创新型农业合作社等新兴手段，为提升乡村经济发展和生态环境保护提供了有力支持。这些技术和模式不仅提升了农业生产的效率和可持续性，还提升了乡村治理水平和居民的生活质量。通过具体实践案例，可以清晰地看到这些新质生产力如何在不同方面推动乡村振兴的进程。

（一）智能农业技术的应用

智能农业技术是乡村振兴中的重要组成部分，它通过引入先进的科技手段来提升农业生产效率和可持续性，具体应用包括无人机监测、传感器技术和智能灌

溉系统。无人机能够实时监测作物生长情况，并通过高分辨率图像分析识别病虫害，帮助农民及时采取措施。传感器技术则用于土壤湿度、温度和养分的实时监控，从而优化施肥和灌溉方案。智能灌溉系统则可以根据天气预测和土壤状况自动调整水量，大幅度节约水资源并提高作物产量。例如，某些地区的智能灌溉系统通过气象数据和土壤传感器的数据分析，成功将水资源的使用效率提高了 30%，显著提升了农业生产效益。

（二）数字化治理和服务平台的实践

数字化治理和服务平台是提升乡村管理和服务水平的关键手段，这些平台通过整合信息资源和提升信息化水平，极大地方便了农民的生活和政府管理。例如，某些地方推出了综合服务平台，将医疗、教育、政务等服务整合在一个平台上，实现了在线预约、咨询和办理业务。通过这种平台，农民不仅能够方便地获取各种信息，还能通过线上申请享受政府补贴和福利。这些平台还提供了数据分析功能，帮助政府更好地了解基层情况，进行科学决策。

（三）绿色技术和可持续发展项目的应用

绿色技术和可持续发展项目在乡村振兴中扮演了重要角色，它们不仅有助于保护环境，还能促进经济发展，具体应用包括农田轮作、生态农业和再生能源的使用。农田轮作可以有效预防土壤退化和病虫害，提高土壤肥力。生态农业则通过减少化肥和农药的使用，保护生态环境，同时增加农作物的多样性。再生能源如太阳能和风能的使用也逐渐在乡村地区推广，为农村提供了清洁、可再生的能源。

（四）创新型农业合作社和企业的成功模式

创新型农业合作社和企业在乡村振兴中发挥了重要作用，展示了有效的商业模式和运营模式。这些合作社和企业通过融合现代技术与传统农业，推动了农业生产的变革。例如，某些合作社引入了智能管理系统和大数据分析，这些技术提升了生产过程的科学性和精准度，使得产品质量更加稳定，同时也帮助这些合作社打造了知名品牌，并成功拓展了市场。企业与科研机构的合作也带来了显著成效，通过共同研发新型高产、抗病的农作物品种，这些企业不仅提升了农业生产的效率，也推动了技术进步。以某农业合作社为例，通过引进精准农业技术和利用互联网销售平台，该合作社显著提高了作物产量，并通过线上渠道扩展了市场，实现了经济效益的显著提升。这些成功模式不仅推动了当地经济的发展，也为其他地区的乡村振兴提供了有益的借鉴。

新质生产力在乡村振兴中的应用展现了科技与传统农业融合的巨大潜力，智能农业技术如无人机和传感器提升了生产效率和资源利用率，数字化治理平台则优化了服务和管理，绿色技术和可持续发展项目为环境保护和经济增长注入了新动力，而创新型农业合作社和企业则通过现代化管理和市场拓展实现了显著的经济效益。这些实践不仅为乡村振兴注入了新的活力，也为其他地区提供了宝贵的经验和借鉴，推动了乡村地区的全面发展。

四、新质生产力与乡村经济发展的耦合机制

在乡村经济发展的背景下，新质生产力的提升与经济增长密切相关。随着科技进步和管理模式的创新，乡村经济面临着前所未有的机遇和挑战。下面将探讨新质生产力与乡村经济发展的耦合机制，重点分析经济效益与生产力提升的联动关系、资源配置优化与经济增长的互动、技术进步与市场需求的匹配机制，以及政策支持与生产力发展的协同效应。通过具体案例和数据分析，揭示这些机制如何促进乡村经济的全面发展和持续增长。

（一）经济效益与生产力提升的联动关系

经济效益与生产力的提升在乡村经济发展中密切相关，新质生产力通过引入先进技术和管理手段，直接提高了农业生产的效率和效益。例如，智能农业技术的应用使得生产过程中的资源配置更加科学，减少了人力成本和浪费，同时提升

了作物的产量和质量。在这种情况下,生产力的提升直接转化为经济效益的增加。以某智能农业合作社为例,该合作社引入了无人机监测和精准灌溉系统,这些技术不仅提高了作物的生长速度和产量,还通过降低生产成本和减少病虫害损失,显著提升了经济效益。数据显示,该合作社的收入增长了40%,表明生产力的提高与经济效益的提升具有明显的联动关系。

(二) 资源配置优化与经济增长的互动

资源配置的优化在乡村经济增长中扮演了至关重要的角色,通过智能化管理和数据分析,资源可以得到更精确的配置,从而推动经济的可持续增长。例如,精准农业技术通过传感器实时监测土壤湿度、养分和天气变化,帮助农民科学施肥和灌溉,显著减少了资源的浪费。在某乡村,应用这种技术后,水资源使用效率提高了30%,同时优化了土地的利用。这不仅提升了作物的生产力,也推动了乡村经济的整体增长。通过减少资源浪费和提高生产效率,这种优化措施实现了资源配置与经济增长的良性互动,为乡村经济的持续发展奠定了坚实的基础。

(三) 技术进步与市场需求的匹配机制

技术进步与市场需求的匹配机制在乡村经济发展中起着至关重要的作用,农业技术的进步不仅提高了生产效率,还帮助满足市场对高质量农产品的需求。企业通过市场调研和技术研发,精准定位市场需求,调整了生产策略,实现了技术进步与市场需求的有效匹配。这种机制不仅提升了产品竞争力,也促进了企业的经济收益和市场份额的增长。

(四) 政策支持与生产力发展的协同效应

政策支持与生产力发展的协同效应在推动乡村经济发展中起到重要作用,政府政策的支持能够为新质生产力的应用提供保障和推动力。例如,政府推出了针对智能农业技术的补贴政策,并提供了技术培训和推广服务,这些政策支持帮助农民更快地接受和应用新技术。以某省为例,该省通过实施农业科技补贴政策,鼓励农民引入智能化设备和先进技术,成功提升了农业生产力,带动了乡村经济的发展。政策的支持也帮助突破了生产力提升中的资金瓶颈，促进了科技与农业的深度融合。

新质生产力的引入和应用在乡村经济发展中发挥了重要作用，经济效益的提升与生产力的提高具有显著的联动关系，智能农业技术和精准资源配置优化了农业生产，推动了经济增长。技术进步与市场需求的匹配机制帮助满足了市场对高质量农产品的需求，进一步提升了产品竞争力。而政策支持则通过提供资金、技术培训和推广服务，为生产力的发展提供了有力保障。这些耦合机制相互作用，共同促进了乡村经济的繁荣和可持续发展。

第四节 理论模型与实践路径的研究方法

一、理论模型的构建思路

在构建理论模型的过程中，明确研究目标与范围是首要任务。这一过程确保研究方向的明确性和针对性，使得模型能够集中解决实际问题或验证理论假设。关键变量和假设的确定则是模型构建的核心步骤，通过精确设定这些因素，可以有效分析和理解各变量之间的关系。选择适用的理论框架和方法是模型构建的基础，它决定了数据分析的手段和模型的科学性。建立有效的验证与调整机制是提升模型准确性和实用性的关键。通过这些步骤，理论模型能够为实际问题提供可靠的解决方案和深入的理论支持。

（一）定义研究目标与范围

在构建理论模型时，首先需要明确研究的目标与范围。研究目标应聚焦于解决实际问题或验证理论假设。例如，在乡村经济发展的研究中，目标可能是探讨新质生产力如何影响经济增长以及其机制。这包括明确模型希望达成的具体成果，如提高资源配置效率或优化农业生产方式。研究范围则界定了模型适用的空间和时间范围，如是否专注于某个地区或特定时间段的乡村经济情况。通过设定清晰的目标和范围，可以确保研究的方向性和针对性，避免模型过于泛化或不切实际。举例来说，如果研究目标是评估智能农业技术对乡村经济的影响，范围可以限定为某省份的农业合作社，并考虑过去五年的数据，以保证数据的相关性和准确性。

（二）确定关键变量和假设

在理论模型的构建中，关键变量和假设的确定至关重要。关键变量是模型中最为重要的因素，这些变量直接影响研究结果的准确性。例如，在分析新质生产力对乡村经济的影响时，关键变量可包括技术应用水平、生产效率、经济效益等。假设则是基于理论和经验的前提条件，用于指导模型的构建和验证。例如，可以假设"智能农业技术的引入会显著提升农田生产效率和经济效益"。这些变量和假设需要经过严谨的理论推导和实证检验，以确保模型的科学性和可靠性。通过精确地定义这些变量和假设，可以更好地分析和理解生产力与经济增长之间的关系。

（三）选择适用的理论框架和方法

选择合适的理论框架和方法是理论模型构建的关键步骤，理论框架提供了分析问题的基础理论和概念支持，而方法则决定了数据分析和模型检验的具体手段。①例如，在乡村经济发展研究中，可能采用经济学中的生产函数理论作为框架，结合回归分析和计量经济学方法进行实证研究。理论框架如"生产力提升模型"可以帮助理解技术进步如何影响生产效率，而具体的方法如"面板数据回归分析"则用于检验不同变量间的关系。选择适用的理论框架和方法能够确保模型的有效性和数据的可靠性，从而为研究结果提供坚实的基础。举例来说，使用生产函数理论来分析智能农业技术对作物产量的影响，并通过回归分析来验证技术的经济效益。

（四）建立模型的验证与调整机制

建立模型的验证与调整机制是确保模型有效性和准确性的必要步骤，验证机

---

① 刁丽芳，侯金妮. 新质生产力赋能乡村振兴的价值意蕴、现实困境与实践路径［J］. 胜利油田党校学报，2024(4)：23-29.

制包括模型的检验方法，如通过数据的实证检验、交叉验证等手段来评估模型的预测能力和适应性。例如，可以利用历史数据对模型进行预测，并比较预测结果与实际情况的一致性，以评估模型的可靠性。调整机制则是根据验证结果对模型进行修改和优化，包括调整变量设置、更新假设和改进分析方法等。这一过程需要不断反馈和迭代，以提高模型的精确度和实用性。举例来说，在验证智能农业模型时，可以通过对比实际经济数据和模型预测数据，来调整模型中的关键变量和假设，以确保模型能更好地适应实际情况和需求。

理论模型的构建涉及明确研究目标与范围、确定关键变量与假设、选择适用的理论框架和方法，以及建立验证与调整机制。通过这些步骤，可以确保模型的科学性与实用性，准确分析和解释研究问题。有效的理论模型不仅能够提升研究的方向性和准确性，还能为实际应用提供有力的理论支持。

二、实践路径的设计原则

在当今复杂多变的环境中，实践路径的设计成为实现目标的关键因素。有效的实践路径不仅需要理论上的创新，还必须在实际操作中具备可行性和适用性。为确保设计方案能够有效解决问题并取得持久效果，需遵循一些基本原则。这些原则包括实用性与可操作性原则、与实际情况的适配性原则、可持续发展与长远效益原则、跨学科整合与协同发展原则。这些原则共同作用，确保了实践路径的科学性、有效性和长期性。

（一）实用性与可操作性原则

实践路径的设计首先需注重实用性与可操作性，即确保方案能够在实际操作中有效实施，并产生预期效果。设计过程中应将理论与实际结合，避免过于复杂或脱离实际的建议。例如，在推动乡村经济发展时，可以通过建立技术支持服务平台，帮助农民掌握智能农业技术。这种路径应明确具体步骤，如技术培训、设备采购和使用指导等，确保每一步都具有操作性和可实施性；还需考虑实际操作中的资源需求、人员配置以及管理机制等问题，以确保方案的可行性。举例来说，在实施智能农业技术时，可以设计详细的操作手册和培训计划，确保农民能够顺利应用新技术，从而提高生产效率和经济效益。

（二）与实际情况的适配性原则

实践路径设计必须与实际情况相适配，确保所采取的措施能够有效应对特定环境中的挑战和需求。这要求在制订路径时对实际情况进行全面调研，了解具体的地理、经济、社会等背景因素。例如，在某个地区推广绿色能源技术时，需要考虑当地的能源需求、资源条件和经济发展水平。适配性原则的实施可以通过针对性调研和分析，确保技术或政策的适用性。例如，在西部贫困地区推广太阳能发电时，需了解当地的阳光资源、经济条件以及居民对新技术的接受度，从而制定切实可行的实施方案，以确保技术的有效推广和应用。

（三）可持续发展与长远效益原则

实践路径的设计应关注可持续发展和长远效益，即不仅要解决眼前问题，还要考虑方案的长期影响和持续性。这包括资源的合理利用、环境保护及社会经济效益的长期保障。例如，在推进城市绿化项目时，除了短期的景观提升，还需考虑绿化的长期维护成本和对生态环境的长期影响。可持续发展的路径应包括生态设计、资源回收利用和社区参与等，以确保项目的长期成功。举例来说，城市绿化项目可以结合生态设计理念，选用适应性强的植物种类，并建立社区志愿者团队进行长期维护，以确保绿化效果的持久性和环境的长期改善。

（四）跨学科整合与协同发展原则

实践路径的设计应倡导跨学科整合与协同发展，强调不同学科知识和方法的结合，以有效解决复杂问题。在面对综合性挑战时，单一学科的视角往往难以全面覆盖问题的各个方面，因此，跨学科的合作显得尤为重要。这一原则要求在设计实践路径时，整合多个领域的专家意见和资源，以形成更加全面和有效的解决方案。例如，在健康城市建设项目中，需要综合考虑城市规划、环境科学、公共卫生等学科的知识。城市规划师可以提供有关城市空间布局和基础设施的设计方案，环境科学家则关注空气质量和绿地布局，而公共卫生专家则对城市居民的健康需求和生活习惯进行分析。通过建立多学科合作团队，可以在设计阶段充分整合这些学科的视角和方法，制订出既符合健康标准又具备实际可行性的城市环境规划方案。这种跨学科整合不仅提升了项目的综合性和系统性，还能通过不同学科的协同作用，提高问题解决的效率和效果。例如，在一个城市健康项目中，城市规划师和环境工程师合作设计低碳绿色建筑，公共卫生专家则评估其对居民健康的长期影响。

实践路径的设计原则为方案提供了系统性和综合性的指导，实用性与可操作性原则确保了方案在实际应用中的有效性，避免了复杂的理论无法转化为实际操作的问题。与实际情况的适配性原则则强调了设计方案必须基于具体环境进行调整，以应对不同地域和条件下的挑战。可持续发展与长远效益原则确保了方案的长期效益，推动资源合理利用和环境保护。而跨学科整合与协同发展原则，通过融合不同学科的知识和方法，增强了方案的综合性和系统性。这些原则的有效运用不仅提升了实践路径的实施效果，也为复杂问题的解决提供了全面的思路和方法。

三、理论与实践相结合的方法论

将理论应用于实际场景，理论与实践的有效结合是实现创新和改进的关键。理论模型往往建立在假设和理想化的条件下，而实践则面对复杂和多变的现实环境。为了确保理论的有效性和适用性，需要通过科学的方法将理论模型应用于实践中，从而进行验证和调整。为此，实验设计与实地调查、数据分析与模型调整，以及反馈机制与动态调整成为理论与实践结合的核心方法论。这些步骤相互关联，构成了一个系统化的过程，旨在通过严谨的设计、精确的数据处理和灵活的调整策略，实现理论在现实中的最佳应用效果。

（一）实验设计与实地调查

将理论应用于实践，实验设计和实地调查是两个至关重要的步骤。实验设计涉及制订严谨的实验方案，以验证理论的实际效果和适用性。一个成功的实验设计应包括明确的研究目标、实验变量、控制条件以及数据采集方法。举例来说，如果某城市计划通过引入新型智能交通系统来减少交通拥堵，实验设计应包括选择实验区域、设置对照组与实验组、制订实施计划等。实地调查则是将理论模型应用于真实环境中，以获取实际操作的数据和反馈。通过在特定区域内实施智能交通系统，并对交通流量、行车速度等进行监测，可以评估理论模型的实际效果和可能的问题。实验设计和实地调查的结合能够确保理论在实践中的可行性，并为后续的优化提供数据支持和改进依据。

（二）数据分析与模型调整

数据分析在理论与实践结合中扮演着至关重要的角色，它通过对实地调查或实验收集的数据进行深入处理，以评估理论模型的有效性和准确性。这一过程包括数据的整理、统计、解释和可视化。数据整理涉及将收集的数据分类、清理和格式化，为后续分析做好准备。统计步骤通过计算各类统计指标，如均值、方差和相关性，揭示数据中的基本特征和模式。解释阶段则是对统计结果进行深入解读，理解其对理论模型的意义。可视化技术则通过图表和图形直观展示数据趋势和关系，帮助识别潜在问题。例如，若评估智能交通系统的实施效果，可以通过收集交通流量、事故发生率和用户满意度等数据进行分析。通过比较实施前后的数据变化，能够评估系统对交通拥堵、事故率和用户体验的影响。数据分析可能显示出系统在某些时段或区域的效果不如预期，这时需要对理论模型进行调整。模型调整可能包括优化交通流量算法、改进信号控制策略或增强系统的响应能力。这些调整旨在使理论模型更加贴合实际操作情况，提升其预测精度和实际效果。最终，通过科学的数据分析和模型调整，可以实现理论在实际应用中的最佳效果，确保解决方案在不断变化的环境中保持有效。

（三）反馈机制与动态调整

在实践中应用理论时，反馈机制和动态调整是确保长期成功的关键。反馈机制通过收集和分析实际实施中的反馈信息,帮助识别问题和改进点。这一过程涉及定期监测、用户反馈和效果评估。例如,在实施智能交通系统后,可以通过用户调查、交通数据分析和现场观察等方式获取反馈信息。动态调整则是在实践过程中,根据反馈信息和环境变化,实时对方案进行调整和优化。这种调整包括技术改进、策略调整和资源重新配置等,以适应新的挑战和需求。通过有效的反馈机制和动态调整,可以确保理论在不断变化的实际环境中保持有效性,并不断提升实践效果。例如,如果发现智能交通系统在某些高峰期效果不佳,可能需要调整系统参数或增加额外的交通管理措施,以实现更好的管理效果。

理论与实践的结合需要系统化的方法来确保理论模型的有效实施和持续优化。实验设计和实地调查是将理论应用于实际环境的起点,通过精确的实验方案和实际操作中的数据采集,为理论的验证和改进提供基础。数据分析则通过整理和解读实地数据,评估理论模型的效果并进行必要的调整,提升模型的实际应用价值。反馈机制和动态调整在实践过程中发挥着关键作用,通过实时监测和调整,确保理论模型能够适应环境变化并解决实际问题。综合这三方面的方法,可以实现理论与实践的有效融合,不断推动理论的发展和实践的优化,从而达到理论在实际应用中的最大效益。

第二章　新质生产力赋能农村产业发展的路径

第一节　农业生产力的转型升级

一、传统农业生产力的现状分析

传统农业作为历史悠久的生产模式，在全球农业发展中占据了重要地位。其基本特征为依靠人工劳动力和基础机械进行耕作。这种模式在过去曾有效地维持了农业生产的稳定性，但在现代化进程中，传统农业的生产效率、资源利用和市场竞争力面临显著挑战。下面将深入分析传统农业的生产模式、主要挑战、生产效率和其市场竞争力，揭示其现状和所面临的问题，以便为未来的农业转型和发展提供参考。

（一）传统农业生产模式概述

传统农业生产模式以家庭经营为主，农业活动通常由家庭成员亲自参与，主要依靠人工劳动力和基础农业机械进行。传统农业的耕作方式包括轮作和混作，这些方法旨在维护土壤的肥力，并控制病虫害的发生。尽管这些传统耕作方式在一定程度上保护了土壤，但其对灌溉和施肥的投入相对较少，常常依赖自然降水和简易的施肥方法。种植模式以单一种植为主，农田的利用较为单一，对土壤和环境的管理相对粗放。传统农业未能有效引入先进的技术和设备，使得生产效率较低，且对农业生产过程中的资源利用和环境保护没有进行科学规划。这种状况导致了农业生产的整体效率和可持续性面临挑战。

（二）传统农业的主要挑战与问题

传统农业面临的主要挑战主要体现在生产效率低、资源浪费严重和环境污染问题上,生产效率低主要归因于技术和管理水平的不足。传统农业往往依赖低效的耕作技术和有限的机械化程度,使得单位面积的产量和经济效益提升较慢。这种低效率的生产模式不仅限制了农业产出的增长,还增加了劳动强度和生产成本。传统农业在资源利用方面存在显著浪费。例如,水资源往往被不合理地利用,传统的灌溉方式效率低下,导致水资源的浪费。化肥和农药的过度使用造成了土壤肥力的下降和水体的污染,会进一步影响到生态环境的健康。传统农业缺乏有效的市场对接和信息反馈机制,导致农产品供需失衡和市场价格的剧烈波动。这种情况不仅使得农民面临价格不稳定的风险,还影响了农业生产的可持续性。传统农业在提升生产效率、合理利用资源和应对市场变化方面亟须改进和升级。

(三)生产效率与资源利用现状

在传统农业生产模式中,生产效率普遍较低。由于作物的种植和管理主要依赖人工,劳动强度较大、生产周期较长,导致单位面积的产量和经济效益受到限制。这种情况主要是由于缺乏先进的耕作技术和机械化设备,生产过程效率低下。资源利用方面,传统农业对水资源的依赖较重,但由于灌溉系统多为简易模式,水资源浪费严重。化肥和农药的使用往往不够科学,过度施用不仅未能有效提高作物产量,反而导致土壤肥力下降和环境污染,影响了生态平衡。这种资源管理和环境保护的不当,使传统农业在现代农业竞争中显得劣势明显。因此,提升生产效率和资源利用率,需要通过引入先进技术和改进管理策略,以适应现代农业的发展需求。

(四)传统农业的市场竞争力分析

传统农业的市场竞争力面临多方面的挑战,主要体现在生产效率、资源利用、市场信息和产品质量等方面。[①]由于生产效率低和资源利用不合理,传统农业的生产成本较高。这种高成本使得传统农产品在市场上难以与采用现代化技术的农业产品竞争。例如,与机械化种植和精准施肥的现代农业相比,传统农业的人工

---

① 龚政.新质生产力赋能乡村振兴的理论逻辑、现实挑战与发展路径[J].当代农村财经,2024(4):17-21.

耕作和简易灌溉系统导致生产成本上升，进一步影响了产品的市场竞争力。传统农业往往缺乏有效的市场信息和销售渠道，农产品的市场定位和价格形成受限，导致市场竞争力不足。农民通常依赖地方市场和传统销售渠道，无法及时获取市场需求和价格变化的信息。这种信息滞后导致了产品滞销和价格波动，使得传统农产品在市场上的竞争力较弱。例如，传统蔬菜的价格可能因季节性供应变化而大幅波动，而缺乏有效市场策略的农户难以实现稳定销售。传统农业的产品质量和安全性问题也逐渐成为消费者关注的焦点，影响了市场接受度。传统农业由于缺乏科学的种植和管理技术，可能存在产品质量不稳定和安全隐患，如化肥和农药的过度使用导致的残留问题，使得消费者对传统农产品的信任度降低。

传统农业虽然在历史上为人类提供了基本的粮食保障，但其生产效率和资源利用率较低，已显现出明显的不足。传统农业主要依赖人工和简易技术，导致生产成本高、资源浪费严重和环境污染问题。这种模式不仅使生产效率和经济效益受到限制，还影响了产品的市场竞争力。为应对这些挑战，传统农业必须引入先进的技术和管理方法，提高生产效率，合理利用资源，并改进市场信息和销售渠道。只有通过这些措施，传统农业才能在现代农业竞争中找到立足之地，实现可持续发展。

二、新质生产力在农业中的应用

新质生产力在农业中的应用正引领着传统农业的转型，推动其向高效、智能和环保等方向发展。智能农业技术、大数据和精准农业、新型农业机械与设备以及创新农业管理系统的应用，正在改变农业生产的方式和效率。这些先进技术不仅提升了生产精度和自动化水平，还优化了资源管理，减少了浪费，提高了经济效益。下面将探讨这些新兴技术在农业中的具体应用及其带来的深远影响。

（一）智能农业技术的应用

智能农业技术通过集成传感器、无人机、自动化设备等先进科技，为传统农业注入了新的活力。智能农业技术可以实时监测土壤湿度、气象条件、作物生长状态等关键信息，从而实现精准的资源管理。例如，通过在农田中布置土壤传感器，农民可以获得实时的土壤水分和营养信息，从而优化灌溉和施肥计划。这不仅提高了生产效率，还减少了资源浪费。在一些高科技农场中，无人机被用来进行作物监测和病虫害检测。这些无人机能够快速覆盖大面积农田，及时发现问题并采取相应措施。智能灌溉系统则根据土壤湿度数据自动调整水量，避免了过度灌溉带来的资源浪费。这些技术的应用显著提高了农业生产的精准性和自动化水平，推动了农业向高效、环保的方向发展。

（二）大数据和精准农业的实施

大数据和精准农业的实施通过数据分析和信息化手段，优化农业生产决策，提高生产效率和经济效益。大数据技术能够整合来自气象、土壤、作物生长等方面的信息，利用数据挖掘和分析工具，为农业生产提供科学依据。例如，通过分析历史气象数据和作物生长模型，农民可以预测未来的气候变化，并据此调整种植计划和管理措施。精准农业则基于大数据技术，通过地块分区管理、精准施肥和病虫害预测等手段，实现农业资源的最优配置。农场管理系统可以根据实时数据生成详细的作物生长报告和资源使用建议，帮助农民在生产过程中做出更加科学的决策。通过这些措施，大数据和精准农业显著提高了作物产量和质量，降低了生产成本，推动了农业的智能化和数据化发展。

（三）新型农业机械与设备的引入

新型农业机械和设备的引入，极大地提高了农业生产的效率和精准度。这些先进的机械设备包括高效播种机、自动化收割机、智能施肥车等，它们通过自动化操作和智能控制，显著减少了人工劳动强度并提高了作业精度。例如，现代播种机能够根据土壤条件和作物需求自动调整播种深度和密度，确保作物均匀生长。自动化收割机则可以在收割过程中同时完成脱粒、清选等步骤，大幅提高了收获效率。智能施肥车则利用传感器实时监测土壤营养状况，精准施肥，避免了传统施肥方式中常见的过量或过少施肥问题。这些新型设备的引入，不仅提升了生产效率，还推动了农业机械化和现代化的发展，使传统农业逐步向高效、环保的方向转型。

（四）创新农业管理系统的应用

创新农业管理系统通过集成信息化技术和管理理念，提高了农业生产的科学性和系统性。现代农业管理系统涵盖了生产计划、资源管理、市场销售等方面，能够为农民提供全面的管理解决方案。例如，农场管理软件可以帮助农民制订种植计划、跟踪作物生长进度、记录施肥和灌溉情况，并分析生产数据以优化管理决策。这些系统还支持智能化的库存管理和市场分析，帮助农民预测市场需求和调整销售策略。创新的农业管理系统能够实现多方数据的集成和共享，使得农业生产的各个环节更加协调，减少了信息孤岛现象，提高了管理效率。通过这些管理系统的应用，农业生产不仅变得更加智能化和高效，也提升了农民的生产决策水平和经济效益。

新质生产力的引入极大地推动了农业的现代化进程，智能农业技术通过实时监测和自动化管理，提升了资源使用效率和作物生长精度。大数据和精准农业则利用信息化手段优化生产决策，实现了农业资源的最优配置。新型农业机械和设备的应用降低了人工劳动强度，提高了作业效率和精准度。创新的农业管理系统则通过系统化的信息化管理，提高了生产的科学性和效率。这些技术的应用标志着农业生产向智能化、数据化和环保化的方向迈进，为未来农业的发展奠定了坚实基础。

三、农业生产方式的创新与转型

农业生产方式的创新与转型正引领着现代农业的发展潮流，从传统的人工操作和经验积累到现代化的科技引领和智能化管理，这一转型过程不仅提升了生产效率，还推动了农业的可持续发展。下面将探讨农业生产方式的关键转型路径，包括从传统到现代化的转型过程、多样化的生产模式、新兴合作模式的探索，以及绿色农业与可持续发展的实践，全面揭示现代农业如何在提高效率的同时实现环境保护和资源优化。

（一）从传统到现代化的转型路径

传统农业主要依赖人工操作和经验，生产方式相对单一和粗放。随着科技进步和经济发展，现代化转型逐渐成为农业发展的必然趋势。这一转型路径首先涉及技术引入和应用，如智能农业、机械化作业等。早期的转型通常从基础设施建设开始，如引进现代化灌溉系统和先进农业机械，这些设备能够显著提高生产效率和作业精度。其次是信息化管理的逐步推进，通过建立农场管理系统，实现对生产过程的全程监控和数据分析。这不仅提高了资源的使用效率，还使得农业生产变得更加科学化。最后，转型还包括农业结构的调整，从单一作物生产向多样化种植转变，以适应市场需求和环境变化。通过这些措施，传统农业逐步过渡到现代化农业，形成了高效、智能、环保的新型生产体系。例如，中国的"智慧农业"项目通过引入物联网技术和大数据分析，实现了精准农业管理，显著提升了粮食产量和资源利用率。

（二）农业生产模式的多样化

农业生产模式的多样化是应对市场需求变化和提高生产效率的重要策略。传统农业通常以单一作物生产为主，而现代农业则趋向于多样化模式，包括轮作、复合种植、立体农业等。轮作是指不同作物在同一块土地上依次种植，这可以有效防止土壤退化和减少病虫害。复合种植则是将不同种类的作物或作物与经济作物、养殖业结合种植，如农田里种植豆类与谷物，以提高土地利用率和综合效益。立体农业是通过多层次、多维度的种植方式，充分利用空间资源，提高产量。例如，在城市社区中，立体农业被用于屋顶和垂直农场中，解决了空间不足的问题。多样化的农业生产模式不仅提高了土地的利用效率，还能满足消费者对不同农产品的需求，并有助于农业的可持续发展。

（三）新兴农业合作模式的探索

新兴农业合作模式为农业生产带来了新的机遇和挑战，传统的农业合作主要以农业合作社的形式存在，而现代农业合作模式则更为多样化和创新化。其包括农企合作、农场联盟、产业链整合等新型合作形式。农企合作模式通过农业企业与农民的合作，实现资源共享和技术支持，推动了农业的规模化和产业化。例如，一些大型农业企业通过与小农户合作，共享先进的生产技术和市场信息，从而提高了整体生产效益。农场联盟则是多个农场之间的合作，通过联盟共享设备、技术和市场渠道，降低生产成本并提升市场竞争力。产业链整合模式将农业生产、加工、销售等环节进行整合，形成完整的产业链条，提高了农业产品的附加值和市场竞争力。这些新兴合作模式推动了农业的现代化进程，提升了整体生产效率和市场竞争力。

（四）绿色农业与可持续发展的实践

绿色农业和可持续发展是现代农业的核心理念，旨在实现农业生产与环境保护的双赢。绿色农业注重减少化肥和农药的使用，推广有机农业、生态农业等绿色种植方式，以保护土壤健康和生物多样性。例如，有机农业通过使用自然肥料和生物防治手段，减少对化学农药的依赖，生产出更加安全的农产品。绿色农业还提倡节水灌溉、能源节约和废物利用等环保措施。可持续发展则要求农业生产在满足当前需求的同时不损害未来资源的利用。例如，实施轮作和休耕制度，保持土壤的自然肥力和生态平衡。利用农业废弃物进行堆肥化处理，既减少了环境污染，又为土壤提供了有机养分。通过这些实践，绿色农业不仅提高了农产品的质量和安全性，还促进了环境保护和资源的可持续利用，为农业的长远发展奠定了坚实基础。

农业生产方式的变革展示了从传统到现代的显著进步，通过引入智能技术和信息化管理，提升了生产效率和资源利用率。多样化的生产模式，如轮作、复合种植和立体农业，有效应对了市场需求和环境挑战。新兴的合作模式，如农企合作和产业链整合，为农业发展注入了新的活力。绿色农业和可持续发展理念则确保了农业生产与环境保护的和谐共生。这些创新和转型不仅推动了农业的现代化进程，还为未来农业的发展奠定了坚实的基础。

四、科技赋能农业的路径探讨

在现代社会，科技创新已成为推动农业发展的核心动力。随着全球人口的增长和资源环境的压力，传统农业面临着巨大的挑战，需要通过科技进步来提升生产效率、保障粮食安全和促进可持续发展。科技创新在农业中发挥了关键作用，从基因编辑到精准农业，从智能化管理系统到政策支持，这些技术和政策的结合正在重塑农业生产方式。下面将探讨科技如何赋能农业，包括科技创新对农业的推动作用、科技与农业生产的融合方式、智能化管理系统的应用以及科技政策和支持体系的完善，旨在揭示科技如何在现代农业中发挥重要作用，推动农业走向更高效、更智能、更可持续的发展道路。

（一）科技创新对农业的推动作用

科技创新在农业中的作用至关重要，它不仅提高了生产效率，还促进了农业的可持续发展。例如，基因编辑技术被用于改良农作物，使其更抗病、耐旱。精准农业技术通过卫星遥感和无人机监测，能够实时获取农田信息，精准施肥和灌溉，从而显著提高作物产量和质量。农业机器人和自动化设备（如播种机和收割机）的应用，大大降低了人力成本，提高了作业效率。科技创新使得农业不仅在传统种植方式上有所突破，还在环境保护和资源节约方面发挥了积极作用。例如，通过开发和应用先进的土壤改良技术，减少了土壤侵蚀和污染。

（二）科技与农业生产的融合方式

科技与农业生产的融合体现在多个方面。物联网技术的应用使得农业生产变得更加智能化。通过传感器和数据分析，农民可以实时监控作物的生长环境，优化施肥、灌溉等管理措施。大数据技术可以对农业生产中的各种数据进行分析，从而预测病虫害发生的可能性，提前采取防治措施。云计算平台的使用，使得农业管理变得更加高效，通过云平台提供的数据分析和决策支持，农民可以更好地制订生产计划和调整经营策略。农业生产的融合还体现在农机装备的智能化，通过机器视觉和人工智能，提升了自动化作业的精度和效率。

（三）智能化管理系统的应用

智能化管理系统在农业中的应用改变了传统农业的管理方式，系统通过集成传感器、数据分析和自动化控制，实现了精准管理。例如，智能灌溉系统根据实时气象数据和土壤湿度，自动调整灌溉量，避免了过度灌溉和水资源浪费。智能温室管理系统则通过环境控制技术，调节温室内的温度、湿度和光照条件，优化作物生长环境，从而提高生产效益。农业企业还利用大数据平台分析市场需求，优化种植结构和销售策略。智能化管理系统的应用，不仅提高了农业生产的效率和质量，也提升了农业管理的科学性和精准性。

（四）科技政策和支持体系的完善

科技政策和支持体系的完善对推动农业科技进步具有重要作用，政府应制定和实施一系列支持农业科技创新的政策，如提供研发资金补贴、税收优惠和技术推广服务。政策还应鼓励企业和科研机构合作，推动科技成果的转化应用。通过建立农业科技创新基金，支持高新技术的研发和应用，促进农业科技产业的发展。完善的科技支持体系还包括建立农业科技人才培训机制，提高从业人员的专业素质。通过政策引导和资源支持，确保农业科技创新的持续性和有效性，从而促进农业的现代化和可持续发展。

科技创新对农业的推动作用是显而易见的，通过基因编辑、精准农业技术和自动化设备，农业生产不仅变得更加高效，而且在环境保护和资源节约方面也取得了显著进展。科技与农业生产的融合，使得生产过程更加智能化，大数据和云计算的应用为农业管理提供了强大的数据支持和决策依据。智能化管理系统的应用进一步提升了农业生产的精准性和效率，而完善的科技政策和支持体系则为科技创新提供了必要的资源和保障。通过这些综合措施，科技正不断推动农业的现代化和可持续发展，为全球粮食安全和环境保护做出积极贡献。未来，随着科技的不断进步和政策的持续支持，农业将迎来更加智能和高效的发展新阶段。

第二节　农村工业与制造业的高质量发展

一、农村工业的现状与挑战

农村工业作为推动乡村经济发展的重要支柱，在现代化进程中扮演着不可或缺的角色。它不仅涵盖了轻工业、农产品加工、建筑材料生产和乡村旅游等领域，还体现了农村经济的多样化和发展潜力。近年来，随着国家对乡村振兴战略的深入推进，农村工业取得了显著的进展，然而技术水平低、设备陈旧、人才短缺、基础设施不足和资金困境等问题依然制约着其进一步发展。为了实现农村工业的可持续发展，并缩小与城市工业的差距，亟须采取一系列措施来应对这些挑战，提升农村工业的整体水平和竞争力。

（一）农村工业的主要产业分布

农村工业主要包括轻工业、农产品加工、建筑材料生产和乡村旅游等。轻工业在农村通常涉及纺织、家电和木制品等小型制造业，这些产业往往以低技术含量和劳动密集型为特点。[1] 农产品加工是农村工业的另一大支柱，包括粮食加工、果蔬罐头和乳制品加工等，这些行业不仅帮助提高了农产品的附加值，还促进了当地经济的稳定增长。建筑材料生产（如水泥和砖瓦制造），满足了农村基础设施建设的需求。乡村旅游业依托农村自然风光和传统文化，吸引了大量游客，带动了相关产业的发展。各类农村工业的分布体现了农村地区经济多样化的发展趋势，但也存在资源分布不均和行业发展不平衡的问题。

（二）农村工业的发展现状与趋势

近年来，农村工业发展取得了显著成效，尤其是在农产品加工和乡村旅游方

---

[1] 侯冠宇，张楚. 新质生产力赋能乡村全面振兴 [J]. 技术经济与管理研究，2024(6)：9-14.

面。农产品加工通过引入现代化设备和技术，提高了产品质量和生产效率，为农民增收提供了新的途径。例如，一些地区通过建设农产品加工园区，集聚了加工企业，实现了规模化生产。乡村旅游的兴起则带动了农家乐的快速发展，增加了农民的经济收入。未来，农村工业的发展趋势将进一步朝着高技术、高附加值的方向迈进，注重环保和资源节约，推动绿色发展。智能制造和数字化技术的应用，将使农村工业的生产效率和管理水平显著提高。

（三）面临的主要挑战与瓶颈

农村工业在发展过程中面临多重挑战和瓶颈，技术水平低和设备陈旧严重制约了农村工业的发展。许多农村工业企业仍使用传统的生产方式和设备，导致生产效率低下，难以跟上市场需求的变化。例如，一些小型食品加工厂仍依赖手工操作，无法实现大规模、高效生产。这不仅影响了产品的质量和竞争力，也限制了工业的技术进步和升级。人才短缺问题尤为突出，农村地区普遍缺乏高素质的技术和管理人才，这直接影响了工业的创新能力和管理水平。由于薪资水平和发展机会有限，许多优秀人才倾向于留在城市，从而导致农村企业在技术创新和市场拓展方面存在明显劣势。基础设施建设不足也是一个关键的瓶颈，农村地区的交通运输网络不完善，部分地区电力供应不稳定，这些问题严重影响了工业生产的效率。例如，运输困难可能导致原材料和成品的交付延迟，电力不稳定则可能造成生产中断，进一步影响企业的运营和市场竞争力。资金不足问题同样不容忽视，许多农村企业面临融资难、融资贵的问题，这制约了它们的扩展和技术升级。缺乏足够的资金使得企业无法进行设备更新或扩展生产规模，影响了其长期发展潜力。

（四）农村工业与城市工业的差距

农村工业与城市工业之间存在明显的差距，主要体现在技术水平、生产规模和管理能力等方面。城市工业通常拥有更先进的生产设备和技术，能够进行规模化生产，产品质量和生产效率远高于农村工业。[①]城市企业还往往拥有更完善的管理体系和经验丰富的管理人才，这使得城市工业在市场竞争中具有更强的优势。相对而言，农村工业的技术水平较低，生产方式和管理模式较为落后，企业规模较小，难以实现规模效应。城市工业的研发投入和创新能力也明显高于农村工业，导致其产品的附加值和市场竞争力更强。缩小这一差距需要加大对农村工业的技术支持和人才培养，同时推动政策改革，优化农村工业的发展环境。

农村工业的发展展现了其在促进地方经济、提高农民收入和推动乡村振兴方面的重要作用，通过农产品加工和乡村旅游等领域的快速发展，农村工业不断壮大，并在推动地方经济稳定增长方面发挥了积极作用。然而，技术水平低、设备陈旧、人才短缺、基础设施不足和资金困境等挑战依然存在，制约了农村工业的进一步提升。城市工业的技术先进、生产规模大、管理能力强，与农村工业相比存在明显优势。为了缩小这一差距，农村工业需要在技术支持、人才培养和政策改革等方面取得突破。只有通过不断促进生产效率、优化管理体系和加强基础设施建设，农村工业才能在未来实现高质量发展，促进乡村的全面振兴。

二、新质生产力在工业中的应用

在现代工业中，传统生产模式正面临着前所未有的变革。新质生产力的引入，特别是智能制造技术、数字化和自动化生产系统、新型材料与工艺以及数据驱动的生产管理与优化，正在深刻地改变工业生产的格局。这些创新技术不仅提升了生产效率和产品质量，还优化了生产过程，降低了生产成本。智能制造技术通过人工智能和物联网的融合，实现了生产的高度自动化和智能化；数字化和自动化生产系统则通过信息技术和自动控制技术，实现了生产过程的全面数字化；新型材料和工艺的应用推动了产品性能的提升和生产过程的灵活化；数据驱动的生产管理与优化则通过大数据分析和智能算法，实现了生产过程的精细化管理。这些技术的发展和应用，为工业领域注入了新的活力，推动了技术进步和创新，为企业在全球竞争中提供了强大的支持。

---

① 吴新叶.乡村振兴背景下的韧性乡村建设：学理与路径[J].贵州社会科学，2023(6)：135-143.

（一）智能制造技术的应用

智能制造技术通过融合人工智能、物联网和先进传感器技术，正在变革传统工业生产模式。智能制造的核心在于通过自动化和智能化的手段提高生产效率、降低成本和提升产品质量。例如，某汽车制造企业通过应用智能制造技术，组建了一个智能化的生产线，其中包括自动化机器人、智能传感器和实时数据分析系统。机器人在生产线中负责高精度的组装工作，而智能传感器则实时监测生产过程中的各项参数，如温度、压力等。数据分析系统则根据实时数据进行预测性维护，预防设备故障，从而减少停机时间。这种智能制造模式不仅显著提高了生产效率，还改善了产品的一致性和可靠性。智能制造还能通过机器学习算法优化生产流程，减少人工干预，这提高了生产灵活性和适应能力，满足了个性化和小批量生产的需求。

（二）数字化和自动化生产系统

数字化和自动化生产系统在现代工业中扮演着越来越重要的角色，这些系统通过整合先进的信息技术和自动控制技术，实现了生产过程的全面数字化和自动化，从而大幅提升生产效率和灵活性。以某食品加工企业为例，该企业引入了全面数字化的生产系统，包括智能配方管理、自动化包装和实时质量监控。生产线上的传感器和控制系统能够实时收集和分析生产数据，自动调整生产参数，确保产品质量的一致性。数字化系统还通过集成企业资源计划（ERP）和制造执行系统（MES）平台，实现了生产计划、物料管理和设备维护的全程数字化。这不仅减少了人为错误，还加快了生产响应速度，使企业能够更快速地适应市场需求变化。自动化生产系统的应用还减少了对人工的依赖，提高了生产过程的安全性和可靠性，进一步推动了生产效率的提升。

（三）新型材料与工艺的引入

新型材料和工艺的引入正在推动工业生产的创新和升级，新型材料，如高性能复合材料、纳米材料和智能材料等，因其优异的性能和功能性，被广泛应用于各个工业领域。例如,在航空航天领域,碳纤维复合材料的使用极大地减轻了飞机的重量,提高了燃油效率和飞行性能。在汽车工业中,新型高强度钢材和轻量化塑料材料的引入,不仅提升了汽车的安全性和燃油经济性,还降低了生产成本。先进的工艺,如3D打印和激光切割,也在不断拓展其应用范围。3D打印技术能够根据计算机设计图纸,精确地制造复杂的零部件,这在快速原型制造和小批量生产中尤为重要。这些新型材料和工艺的应用,不仅推动了产品性能的提升,还促进了生产过程的精细化和灵活化,推动了工业领域的技术进步和创新。

（四）数据驱动的生产管理与优化

数据驱动的生产管理与优化通过利用大数据和数据分析技术,实现了生产过程的精细化管理和优化。[1]通过收集和分析生产过程中的大量数据,企业能够实时监控生产状态、发现潜在问题,并做出科学决策。例如,某电子产品制造公司利用数据驱动的生产管理系统,实时跟踪生产线上的各项指标,包括设备运行状态、生产速度和产品质量。系统通过分析历史数据和实时数据,生成预测模型,识别出生产过程中的瓶颈和潜在风险。这使得企业能够提前进行调整和优化,避免设备故障和生产中断。数据驱动的优化还可以通过智能算法对生产调度进行优化,减少生产周期,提高生产效率。通过这种方式,企业不仅能够提高生产的精确性和效率,还能降低生产成本,提升产品的市场竞争力。数据驱动的生产管理与优化正在成为现代工业提升管理水平和决策质量的重要手段。

新质生产力在工业中的应用标志着工业生产模式的深刻变革,智能制造技术通过集成自动化、智能化的手段,不仅提高了生产效率,还提升了产品的一致性和可靠性。数字化和自动化生产系统通过全面数字化和自动控制,实现了生产过程的高效和灵活。新型材料和工艺的引入推动了产品性能的提升和生产过程的精细化。数据驱动的生产管理与优化则通过大数据和智能算法,实现了生产过程的精细化管理和科学决策。这些技术的应用,不仅提升了生产效率和产品质量,还为企业带来了成本节约和市场竞争力的提升。总的来说,新质生产力的引入正在

---

[1] 董志遥,姜佳芸.新时代背景下大学生赋能乡村发展路径研究[J].南方农机,2023,54(24):96-100.

引领工业生产走向一个更智能、更高效、更灵活的新时代。

三、农村工业升级的关键领域

随着全球经济的发展和技术的进步，农村工业的现代化升级成为推动经济增长和提升生活水平的重要途径。在这一过程中，关键领域的推进和应用显得尤为重要。先进制造技术的推广应用在提升生产效率、产品质量和资源利用率方面起到了至关重要的作用。绿色生产与环保技术的整合不仅能够减少环境影响，还能提升企业的社会责任感和市场形象。产业链整合与价值提升通过优化资源配置和效率提升，实现了生产、加工、销售等环节的协同发展。创新设计与产品开发的引入为农村工业注入了新的活力，使企业能够更好地满足市场需求，提高竞争力。这些领域的协调发展为农村工业的升级提供了坚实的基础，也为未来的发展奠定了良好的基础。

（一）先进制造技术的推广应用

先进制造技术的推广应用是推动农村工业升级的核心要素之一，这些技术包括自动化生产线、数字化制造系统、智能控制技术等。通过引入这些先进技术，农村工业能够显著提高生产效率、产品质量和资源利用率。例如，采用自动化生产线可以减少人工操作的错误和劳动强度，同时提高生产速度和一致性。数字化制造系统则使得生产过程的每一个环节都可以实时监控和调整，从而保证产品的一致性和精度。智能控制技术通过大数据分析和机器学习，不仅能够预测设备的维护需求，还能优化生产流程，降低生产成本。以某农村地区的小型机械制造厂为例，通过引入数控机床和机器人自动化装配线，该厂的生产效率提升了30%，产品的合格率也从80%提高到95%。这些技术的应用使得传统手工业逐渐向现代化工业转型，不仅提高了生产能力，还增强了市场竞争力。这种技术的推广需要政府和企业的共同努力，包括技术培训、政策支持和资金投入等。

（二）绿色生产与环保技术的整合

绿色生产与环保技术的整合对于农村工业的可持续发展至关重要。绿色生产不仅关注产品的质量和经济效益,还重视生产过程对环境的影响。环保技术的应用包括废水处理、废气治理、固体废弃物回收和节能减排等措施。这些技术可以有效减少工业生产对环境的负面影响,实现资源的循环利用和能源的高效利用。例如,某农村纺织企业在引入污水处理和污水回用技术后,废水排放量减少了70%,同时通过回收处理,废水被重新用于生产过程,降低了生产成本。这种环保措施不仅符合国家的环保法规,还提高了企业的社会责任感,提升了企业的市场形象。绿色生产还涉及原材料的选择,如优先使用环保型材料和可再生资源,这样能够从源头减少环境污染。

(三) 产业链整合与价值提升

产业链整合与价值提升是实现农村工业升级的重要策略,通过整合产业链,企业可以在生产、加工、销售等各个环节中实现资源的优化配置和效率的提升。这种整合不仅涉及上下游企业的合作,还包括不同环节的功能整合。例如,通过建立产销一体化的模式,企业可以减少中间环节的成本和时间,从而提高整体的价值链效益。一个典型的例子是某农村地区的农产品加工企业,通过整合种植、加工和销售环节,形成了全产业链。这样做不仅提升了产品附加值,还确保了产品从原材料到成品的质量控制。这种一体化的运营模式使得企业能够更好地掌握市场需求,优化生产计划,提高了市场竞争力。

(四) 创新设计与产品开发

创新设计与产品开发是农村工业升级的关键领域之一,通过不断创新,企业能够推出符合市场需求的新产品,提高市场竞争力。创新设计不仅关注产品的功能和外观,还涉及用户体验、材料使用和生产工艺的优化。产品开发的过程需要充分了解市场需求,进行技术研发和原型测试,以确保最终产品能够满足消费者的期望。例如,某农村家具制造企业通过引入现代设计理念和技术,开发出一系列既具有传统工艺特色又符合现代审美的家具产品。企业还通过市场调研和用户反馈不断调整设计方案,使产品更加符合消费者的需求。这种创新设计不仅提升了产品的市场竞争力，还拓展了企业的市场份额。创新设计和产品开发的成功需要企业具备强大的研发能力和灵活的市场应对能力。

农村工业升级的关键领域涵盖了先进制造技术的推广、绿色生产与环保技术的整合、产业链整合与价值提升以及创新设计与产品开发，这些领域的推动不仅提升了生产效率和产品质量，还为农村工业的可持续发展提供了新的方向。先进制造技术通过自动化和智能化手段提高了生产能力，绿色生产和环保技术则保障了环境保护和资源高效利用。产业链整合实现了资源优化配置和整体效益的提升，而创新设计与产品开发则增强了企业的市场竞争力和产品吸引力。未来，农村工业的升级将继续依赖于这些领域的深入发展与协同推进，以实现更加全面和可持续的发展目标。

四、高质量发展的路径选择

在追求高质量发展的过程中，企业需在多方面进行优化与创新。下面探讨了市场导向与需求驱动的战略、技术创新与研发投入的增加、品牌建设与市场扩展策略、政策支持与产融结合的优化四个关键路径。这些路径不仅为企业的可持续发展提供了有效的指导方针，还强调了在不断变化的市场环境中如何通过战略调整和资源优化实现长期的商业成功。

（一）市场导向与需求驱动的战略

市场导向和需求驱动的战略是实现高质量发展的核心，企业在制定战略时，需以市场需求为导向，聚焦客户的实际需求和变化趋势。这要求企业深入了解市场，精准定位目标客户群体，灵活调整产品和服务。通过市场调研、数据分析等手段，企业可以预测市场趋势，把握消费者偏好，从而调整产品设计和营销策略。通过这种方式，企业能够提高市场响应速度，提升客户满意度，从而实现持续增长。

（二）技术创新与研发投入的增加

技术创新是推动企业高质量发展的核心动力，为了实现这一目标，企业需要显著增加对研发的投入，不断推进技术进步和产品创新。[①]研发投入的增加可以通过建立专门的研发中心、引进高端科技人才以及与其他企业或科研机构合作开发等方式来实现。这些措施不仅能带来技术上的突破，还能提高企业的市场竞争力。例如，特斯拉通过持续加大研发投入，成功推出了多款具有革命性技术的电动汽车，颠覆了传统汽车行业。这一战略不仅提升了特斯拉在市场中的地位，也推动了整个行业的技术进步。企业还应鼓励创新文化，营造有利于创造力发挥的工作环境。这包括提供资源支持、激励创新思维等手段，以激发员工的潜力。技术创新不仅有助于解决市场挑战，还能为企业开拓新的市场机遇，最终提升企业的长期竞争力和可持续发展能力。

（三）品牌建设与市场扩展策略

品牌建设是企业实现长期高质量发展的基础，一个强大的品牌不仅能够提高市场认知度，还能增加消费者的忠诚度。企业应通过优质的产品和服务、有效的品牌传播来打造和维护品牌形象。市场扩展策略也是品牌建设的重要方面。通过拓展新的市场和渠道，企业能够获取更多的市场份额。例如，苹果公司凭借其强大的品牌效应，成功地将产品销售拓展至全球各地，不仅巩固了市场地位，还实现了全球业务的持续增长。品牌建设与市场扩展应结合企业的战略目标，以实现长期的商业成功。

（四）政策支持与产融结合的优化

政策支持和产融结合对企业高质量发展的作用不可忽视。一方面，政府通过实施政策支持，可以为企业提供多种形式的帮助，如资金补助、税收优惠和政策引导等。这些措施不仅降低了企业的运营成本，还为企业提供了稳定的发展环境。例如，政府对新能源产业的支持政策，包括财政补贴和税收减免，显著降低了相关企业的运营费用，促进了新能源技术的应用和发展。另一方面，产融结合是优化资源配置和提升企业效率的关键。产融结合指的是通过将金融服务与产业需求

[①] 张月萌."新农人"赋能乡村产业振兴的作用机制研究［J］.现代农机，2023(5)：35-38.

紧密结合，来优化资金配置和提升企业的整体运营效率。企业可以通过与金融机构的合作，获得更多的融资渠道和投资机会。例如，金融机构可以提供定制化的融资解决方案和风险管理服务，帮助企业应对市场波动，支持其创新和扩展业务。国家对产融结合的支持，进一步推动了这一过程的深化，促进了企业的快速发展。享受政策红利的企业需要合理利用金融资源，以实现长期可持续发展。有效的产融结合不仅能够帮助企业克服短期的财务困难，还能为其提供长期的战略支持。通过合理配置资源，企业可以提升创新能力和市场竞争力，实现高质量的发展。

实现高质量发展需要企业在市场导向、技术创新、品牌建设和政策支持等方面进行综合提升。通过市场导向的战略，企业能够精准把握客户需求，从而提高市场响应速度和客户满意度。技术创新和研发投入的增加则是推动企业竞争力的核心动力，能够带来技术突破和市场领先地位。品牌建设和市场扩展策略有助于提升企业的市场认知度和消费者忠诚度，而政策支持和产融结合的优化则为企业提供了必要的资源和支持，以实现可持续发展。综合运用这些路径，企业可以更好地应对市场挑战，推动自身长期的高质量的发展。

第三节　农村服务业的发展与提升

一、农村服务业的现状与发展趋势

农村服务业作为现代化经济体系的重要组成部分，对促进农村地区经济发展和提高居民生活质量具有关键作用。它涵盖了生活服务、生产性服务和公共服务等领域，致力于满足农村居民的日常需求、提升农业生产效率和提供基本社会福利。随着农村经济的快速发展和居民收入水平的提高，农村服务业的市场需求不断增长，推动了服务业的多样化和专业化发展。服务模式的创新、信息化的应用以及服务质量的提升是农村服务业发展的主要趋势，绿色经济和可持续发展也为服务业带来了新的机遇。

（一）农村服务业的主要类型与分布

农村服务业涵盖了多个领域，其主要类型包括生活服务、生产性服务和公共服务。生活服务主要包括餐饮、住宿、洗衣、美容等，满足农村居民日常生活需求。生产性服务包括农业生产服务、物流运输、技术支持等，帮助提高农业生产效率和市场竞争力。公共服务则涉及教育、医疗、文化等方面，保障农村居民的基本生活质量和社会福利。这些服务类型的分布存在显著差异，主要受区域经济发展水平和居民收入水平的影响。经济相对发达的地区（如东部沿海省份），农村服务业发展较为成熟，服务种类丰富且专业化。而在西中部欠发达地区，服务业发展较为滞后，服务种类相对单一，覆盖面不足。例如，浙江省的农村地区不仅有丰富的生活服务设施，还有专门的农业科技服务中心，支持农民的技术需求。而西部某些地区的农村则主要依赖基础的生活服务和传统的农业支持，缺乏更为专业化的服务。

（二）农村服务业的市场需求分析

农村服务业的市场需求主要受到农村人口结构、收入水平和生活方式的影响，随着农村经济的快速发展和居民收入水平的提高，对服务的需求也在不断增加。一方面，农村居民对生活服务的需求不断增长，特别是对高质量医疗、教育和文化活动的需求日益突出。另一方面，农业生产服务市场的需求也在提升，农民需要更多的技术支持、设备维护和物流服务，以提高生产效率和收入水平。例如，随着农业机械化程度的提高，农民对农业设备的维修和技术支持需求增多。农村旅游的兴起也带动了对住宿、餐饮和文化体验服务的需求增长。这些变化推动了服务业的多样化和专业化发展，使服务业能够更好地适应市场需求和消费者偏好的变化。

（三）当前农村服务业的发展现状

目前，农村服务业正经历快速发展，但仍面临诸多挑战。服务业发展不均衡，东部地区的农村服务业相对发达，而中西部地区的服务业仍处于起步阶段。基础设施建设不足、服务人员缺乏以及服务质量参差不齐等问题，限制了农村服务业的进一步发展。在一些经济较为发达的农村地区，现代化的服务业模式逐渐形成，农民能够享受到高质量的医疗、教育和生活服务。例如，江苏省的农村医疗服务网络不断完善，村卫生室和乡镇医院的服务能力显著提升。然而，许多偏远地区的服务设施仍旧匮乏，专业服务人才稀缺，影响了服务的覆盖范围和质量。

（四）农村服务业发展的未来趋势与机遇

未来农村服务业的发展趋势将主要体现在服务模式的创新、信息化的应用以及服务质量的提升方面。随着技术的进步，互联网和智能设备将在农村服务业中发挥越来越重要的作用。例如，在线医疗咨询和远程教育将解决偏远地区医疗和教育资源不足的问题。政府对农村服务业的支持政策将继续增强，包括基础设施建设、服务人才培训和政策扶持等，将为服务业的发展提供强有力的支持。绿色经济和可持续发展理念将成为农村服务业发展的新机遇，农村旅游、生态农业和乡村振兴项目将带来新的服务需求和市场机会。例如，乡村旅游的发展不仅能推动当地经济发展，还能促进服务业的全面提升，为农民创造更多就业机会和收入来源。通过不断创新和优化，农村服务业有望在未来实现更高质量的发展。

农村服务业正经历着快速的变革和发展，但依然面临着区域发展不均衡、基础设施不足和服务质量参差不齐等挑战。在经济较为发达的地区，现代化的服务模式正在逐步形成，提升了农村居民的生活质量和生产效率。然而，在一些偏远地区，服务设施的匮乏和专业服务人才的不足限制了服务业的进一步发展。未来，随着技术的进步和政府政策的支持，农村服务业有望迎来新的发展机遇。信息化技术的应用、绿色经济理念的推广以及乡村振兴项目的推进，将促进农村服务业的全面提升，为农村居民创造更多的就业机会和收入来源，实现更高质量的发展。

二、新质生产力在服务业中的赋能作用

在现代服务业的变革中，新质生产力的崛起正在引领行业走向数字化与智能

化的新时代。数字化技术、智能化服务平台、大数据与数据分析以及人工智能与自动化技术的融入,正在彻底改变服务行业的运作模式和服务质量。这些新兴技术的应用不仅提高了服务效率和客户体验,还推动了服务个性化和精准化的发展,从而显著提升企业的竞争力和市场地位。

(一) 数字化技术在服务业中的应用

数字化技术在服务业的应用正在彻底改变行业的运作方式,通过互联网、移动应用和云计算,服务提供者能够更高效地管理客户关系和运营流程。[①]例如,在线预订系统和自助服务终端使得消费者能够方便地进行预订和支付,从而提升了客户体验。企业也能够实时监控服务质量和客户反馈,快速调整服务策略。数字化技术还支持了服务的个性化和定制化。例如,通过数据分析,企业能够根据客户的历史行为和偏好推荐相关产品和服务,这种个性化服务提升了客户的满意度和忠诚度。以旅游业为例,许多旅行公司利用大数据分析来制订个性化旅游方案,为客户提供量身定制的旅行体验,从而吸引更多的客户并提高市场竞争力。

(二) 智能化服务平台的建设

智能化服务平台的建设是服务业现代化的关键,通过集成先进的人工智能和自动化技术,这些平台能够提供高效、智能的服务。举例来说,智能客服系统通过自然语言处理技术,能够在不需要人工干预的情况下回答客户的常见问题,并处理简单的服务请求,这不仅提高了服务效率,还降低了运营成本。智能化平台还可以通过数据分析优化服务流程,识别服务瓶颈和客户痛点,从而不断改进服务质量。比如,在线教育平台通过智能学习系统,为学生提供个性化的学习建议和辅导,提高了教学效果和学生的学习积极性。这种智能化的服务平台不仅提升了用户体验,也帮助企业实现了精准的服务管理和运营优化。

(三) 大数据与数据分析在服务优化中的作用

大数据与数据分析在服务优化中发挥着至关重要的作用,通过收集和分析大

---

① 赵翠萍,冯春久. 产学研赋能乡村振兴的"农大实践"[J]. 农村农业农民,2022(17):4.

量的客户数据，企业能够深入了解客户需求和行为模式，从而优化服务内容和提供更加精准的服务。例如，电商平台利用大数据分析用户的购买历史、浏览行为和评价数据，能够进行较精准的推荐，提升销售转化率。数据分析还能帮助企业识别服务中的问题和改进点，通过实时监控和反馈，快速调整服务策略。例如，酒店行业通过分析客户的入住数据和反馈信息，可以改进房间配置、提升服务质量，从而提升客户的整体体验和满意度。大数据的应用使得服务优化不仅更加科学和精准，也更加符合客户的实际需求。

（四）人工智能与自动化技术的融入

人工智能与自动化技术的融入正在重新定义服务业的未来，人工智能技术可以实现自动化的决策支持和服务交付，通过机器学习和数据分析，能够提供更智能、更个性化的服务。以医疗行业为例，人工智能可以通过分析医学影像和病历数据，辅助医生进行诊断和治疗决策，从而提高医疗服务的准确性和效率。自动化技术在后台流程中也发挥了重要作用，例如，企业利用自动化机器人处理重复性的任务，像数据录入和订单处理，从而节省了人力资源和时间成本。人工智能与自动化技术的融入使得服务业能够提供更高效、更精准的服务，提升了客户满意度和企业的运营效率。

新质生产力在服务业中的赋能作用显著，通过数字化技术、智能化服务平台、大数据分析和人工智能的融合，服务业的运作效率和客户体验得到了全面提升。这些技术不仅优化了服务流程，还实现了个性化和精准化服务，帮助企业在激烈的市场竞争中脱颖而出。未来，随着技术的不断进步，服务业的现代化转型将继续深化，为客户提供更加优质、高效的服务，同时推动企业的持续创新和发展。

三、农村服务业的转型与升级

随着社会经济的发展和农村居民生活水平的提高，传统农村服务业面临转型与升级的迫切需求。过去以基础设施和日常服务为主的模式已无法满足现代化的要求，因此，需要通过引进新技术、提升服务质量以及探索新型服务业态来实现服务业的现代化转型。新型服务业态的探索，如电子商务、农旅结合和智慧农业服务，正在为农村服务业注入新的活力。服务质量的提升与客户体验的优化、服务业与其他产业的联动发展也为农村经济的可持续发展提供了强有力的支持。

（一）传统服务业的转型路径

农村传统服务业的转型路径主要涉及提升服务质量、引入新技术以及改进服务模式，过去农村服务业以基础设施服务和日常生活服务为主，如小商店、集市和简单的维修服务。这些服务模式已经难以满足现代农村居民对高质量、多样化服务的需求。因此，传统服务业需要通过引进数字化技术和现代管理理念来实现转型。一方面，可以通过互联网和移动应用拓展服务的覆盖面和效率，如建立电商平台，实现线上购买和配送；另一方面，通过提升服务人员的技能和改进服务流程，增加服务的专业性和个性化。例如，一些农村地区的理发店和维修店通过培训和引入现代设备，提升了服务质量和效率。传统服务业的转型不仅要求技术和管理的更新，更需要服务理念的升级，以更好地适应现代化的需求。

（二）新型服务业态的探索与实践

新型服务业态在农村的探索和实践正不断推动农村服务业的现代化，这些新型服务业态包括电子商务、农旅结合以及智慧农业服务。以电子商务为例，通过建立乡村电商平台，农产品可以直接销售到城市，减少中间环节，提高农民收入。与此同时，农旅结合也在农村地区逐渐兴起，通过开发乡村旅游和生态体验项目，吸引城市游客，推动地方经济的发展。例如，某些农村地区开发了以生态农业为基础的旅游项目，游客可以体验采摘、农田耕作等活动，增加了对本地农产品的认知和消费。智慧农业服务则通过引入大数据、物联网技术，提供精准的农业管理解决方案，提高了农业生产的效率和可持续性。

（三）服务质量提升与客户体验优化

在农村服务业的转型过程中，服务质量提升和客户体验优化是至关重要的。提升服务质量不仅涉及服务内容的改进，还包括服务流程的优化和服务人员的素质提升。通过引入现代化的服务标准和培训体系，可以有效提高服务水平。例如，一些农村酒店和民宿通过引进标准化的服务流程和专业的培训，提高了服务的规范性和一致性，从而提升了客户的整体满意度。服务体验的优化还包括环境改善和客户反馈的及时处理。例如，一些农村餐馆和商店通过改善店内环境、优化产品陈列和引入客户反馈机制，显著提升了客户的就餐体验和购物满意度。服务质量的提升不仅有助于建立良好的品牌形象，还能增强客户的忠诚度，从而推动农村服务业的持续发展。

（四）服务业与其他产业的联动发展

农村服务业的升级离不开与其他产业的联动发展，特别是农业、旅游业和制造业之间的合作。通过将服务业与农业结合，可以提升农业生产和销售的附加值。例如，农业合作社通过提供专业的市场信息和技术支持，帮助农民提升产品质量，并通过服务业的渠道实现更广泛的销售。旅游业的引入则为农村服务业提供了新的增长点，如通过发展乡村旅游项目，带动了当地餐饮、住宿和交通服务的发展。制造业的引入也可以提升服务业的质量和效率，如地方企业生产的乡村家居产品可以通过农村服务业渠道直接销售到消费者手中。总体来说，服务业与其他产业的联动不仅可以提升农村经济的整体水平，还能促进资源的优化配置和综合利用，从而实现农村经济的可持续发展。

农村服务业的转型升级是现代化农村经济发展的重要组成部分，通过提升传统服务业的质量和引入新技术、改进服务模式，可以更好地满足农村居民的需求。新型服务业态的实践，例如，电子商务和农旅结合，正在为农村经济注入活力，同时提升了服务质量和客户体验。服务业与农业、旅游业及制造业的联动发展，不仅优化了资源配置，也促进了农村经济的综合发展。未来，持续的技术创新和服务质量提升将是推动农村服务业进一步发展的关键。

四、现代服务业与农村经济的融合

现代服务业的崛起对农村经济产生了深远的影响，作为一种新兴经济形式，现代服务业不仅为农村地区带来了新的增长点，还推动了经济结构的多样化与优化。通过乡村电商平台、智能农业技术、物流配送服务等现代服务业手段，农村经济在提升生产效率、拓展市场渠道、改善基础设施方面取得了显著进展。服务业与农业、工业的协同发展，使得农村经济在多元化与综合提升中迎来了新的机遇。创新服务模式和政策支持的有效结合，进一步促进了农村经济结构的调整与优化。这一系列的变革，不仅提升了农村经济的活力和竞争力，也为实现全面发展提供了坚实的基础。

（一）现代服务业对农村经济的促进作用

现代服务业对农村经济的促进作用体现在多个方面，它为农村地区带来了新的经济增长点，提升了当地的整体经济水平。例如，乡村电商平台的兴起不仅拓宽了农产品的销售渠道，也增加了农民的收入。通过互联网平台，农民可以直接将自家生产的农产品销售到各地，减少了中间环节，提升了销售效率。现代服务业推动了农村基础设施的改善，如通过物流配送服务提升了商品的流通速度，同时促进了当地交通、通信等基础设施的发展。现代服务业还带来了技术和管理经验的引入，如智能农业技术的应用和现代化的经营管理模式，这些都极大地提升了农村经济的综合竞争力。例如，在某些农村地区，通过引入农业信息化服务，农民能够获得实时的气象数据和市场信息，从而做出更加精准的种植决策。总的来说，现代服务业的融入不仅提升了农村经济的多样性和活力，还推动了农村经济的整体发展。

（二）服务业与农业、工业的协同发展

服务业与农业、工业的协同发展是促进农村经济全面提升的关键。服务业通过为农业提供技术支持和市场服务，帮助农业提高生产效率和市场竞争力。例如，农业技术服务公司通过提供精准的种植指导和病虫害预警系统，提升了农作物的产量和质量。服务业与工业的结合也促进了农村经济的多元化发展。农村工业园区通过引进现代化生产设备和管理经验，提升了生产效率，同时与当地服务业相结合，推动了地方经济的增长。例如，某些乡村工业园区通过引入电商平台销售当地制造的工艺品，不仅拓宽了市场，还带动了相关服务业的发展。服务业还可以与农业、工业之间建立供应链合作，形成稳定的经济循环。例如，农业生产的原料可以供应给工业，工业生产的产品和设备则通过服务业销售到农业生产者手中，实现资源的有效配置和利用。服务业与农业、工业的协同发展，有助于实现农村经济的多元化和综合提升。

（三）创新服务模式与农村经济结构调整

创新服务模式是推动农村经济结构调整的重要手段，传统的农村经济主要依赖农业生产，而创新服务模式则通过引入新技术、新业态和新管理方式，推动了农村经济的多元化和现代化。通过发展乡村电商、乡村旅游和共享经济等新兴服务业态，农村经济结构得到了优化。例如，一些农村地区通过开发乡村民宿和生态旅游项目，吸引城市游客，带动了当地的服务业和餐饮业。创新服务模式还促进了农业与其他产业的融合发展，如智能农业服务通过数据分析和技术应用，提升了农业生产的效率和可持续性。农村金融服务和创业支持政策的创新，也为农村经济结构调整提供了资金和资源支持。例如，一些金融机构推出了专门针对农村创业者的小额贷款和风险投资，帮助他们开办新型农业企业或服务项目。创新服务模式不仅推动了农村经济的转型升级，也促进了农村经济结构的优化和调整。

（四）政策支持与公共服务体系的完善

政策支持与公共服务体系的完善是实现现代服务业与农村经济融合的基础，政府在政策方面的支持包括财政补贴、税收优惠和资金扶持等，这些政策能够有效激励现代服务业在农村地区的发展。例如，政府可以通过对乡村电商平台提供税收优惠和财政补贴，鼓励企业在农村地区建立服务网络。公共服务体系的完善则涉及基础设施建设、教育培训和医疗卫生等方面。通过改善基础设施，如道路交通、信息通信网络，可以提升服务业的运行效率和扩大覆盖范围；教育培训和技能提升项目能够提高服务业从业人员的素质和服务水平。例如，某些地方政府通过组织培训班和技术讲座，提高了农村服务人员的专业技能，从而提升了服务质量。政府还应加强对公共服务设施的投入，如建设现代化的社区服务中心和卫生站点，以满足农村居民的基本生活需求。政策支持和公共服务体系的完善，不仅为现代服务业的发展创造了良好的环境，也促进了农村经济的全面发展。

现代服务业的融入为农村经济带来了诸多积极变化。乡村电商平台的兴起和基础设施的改善，极大地提升了农村经济的销售效率和发展潜力。服务业与农业、工业的协同发展，不仅提高了生产效率，还推动了地方经济的多元化。创新服务模式（如乡村电商、乡村旅游和智能农业服务），为农村经济结构调整提供了新的动能和方向。政策支持与公共服务体系的完善，促进了农村经济的全面进步。现代服务业与农村经济的融合，不仅为农村地区注入了新的活力，也为实现全面经济发展奠定了坚实的基础。

第四节　农村资源的高效配置与利用

一、农村资源的现状与问题

农村资源是国家经济和社会发展的基石，其种类繁多、分布广泛，包括土地、水、矿产和生物资源等。虽然农村资源在农业生产、生态保护和经济发展中发挥着关键作用，但资源利用模式和效率的不均衡、资源配置的不平衡以及环境压力等问题却严重制约了其可持续发展。为了解决这些挑战，亟须深入探讨农村资源的现状及其面临的主要问题，以推动资源的合理配置和高效利用。

（一）主要资源类型与分布状况

农村资源种类繁多，包括土地资源、水资源、矿产资源和生物资源等。土地资源是农村的核心资产，主要有耕地、林地和草地等不同类型。其中，耕地用于粮食生产，林地用于木材和生态保护，草地用于牧业。水资源则包括河流、湖泊和地下水等，主要用于灌溉和生活用水。矿产资源主要有煤矿、石材和稀土矿等。生物资源方面，农村拥有丰富的动植物种群，是农业和养殖的基础。举例来说，东部沿海地区的稻田资源广泛，而西部山区则以林地和矿产资源为主。

（二）资源利用的现有模式与效率

目前农村资源的利用模式主要包括传统农业、现代农业和农村工业。传统农业以小规模、低投入的家庭经营为主，资源利用效率相对较低。[①] 现代农业则引入了机械化、智能化技术，提升了耕作效率和资源使用率。然而，许多农村地区的资源利用依然依赖传统模式，导致土地和水资源的浪费。例如，某些地区过度耕作导致土壤退化，水资源过度抽取导致水源枯竭。农村工业虽然带来了经济增长，但也存在资源过度消耗和环境污染等问题。

（三）面临的主要问题与挑战

农村资源利用面临多种问题和挑战。资源配置不均衡，部分地区资源丰富而利用不充分，而另一些地区则资源匮乏。资源环境压力加大，过度开采和污染问题严重影响了资源的可持续性。现代农业技术和设备的普及程度不均，也导致了资源利用效率的差异。例如，一些贫困农村地区因缺乏资金和技术支持，无法有效提升资源利用水平。政策支持不足、管理体系不健全也是面临的重要挑战。

（四）资源流动与配置的不平衡性

资源流动与配置的不平衡性是农村资源管理中的一大难题。一方面，经济发达地区对资源的需求和吸引力大，导致资源向这些地区集中，造成其他地区资源紧张。另一方面，农村资源流动性差，资源配置缺乏灵活性和效率。例如，一些农业资源丰富的地区由于基础设施薄弱，难以将产品和资源有效流通至其他需求地区，从而限制了资源的优化配置。政策和市场机制的不完善也加剧了这一问题，需要通过改进资源配置政策和加强基础设施建设来缓解。

农村资源在种类和分布上展现出丰富的多样性，但其利用模式和效率面临诸多挑战。传统农业与现代农业的差异、资源过度开采以及不平衡的资源流动和配置都影响了资源的可持续性。解决这些问题需从优化资源配置、提升现代农业技术普及程度、加强政策支持和改善基础设施入手，以实现农村资源的高效和可持

---

① 王玉叶．农村青年为乡村振兴赋能的路径研究［J］．广州广播电视大学报，2022,22(4)：55-61．

续利用。

二、新质生产力提升资源配置效率的机制

在现代经济发展中，资源配置的效率与精确度成为推动经济可持续发展的关键因素。智能化技术、数据驱动的决策、信息化平台和科技创新正在引领资源管理的变革。这些先进手段不仅提高了资源的利用效率，还推动了经济的科学化和现代化进程。智能化技术通过实时数据监控和自动调整，优化了资源管理方式；数据驱动的决策通过大数据分析提升了决策的科学性；信息化平台则通过集中管理和实时监控增强了资源管理的透明度和灵活性；科技创新则为资源的高效利用提供了新的解决方案。这些因素共同作用，提升了资源配置的效率，并为经济的可持续发展奠定了坚实的基础。

（一）智能化技术在资源配置中的应用

智能化技术在资源配置中的应用正在不断改变传统的资源管理方式。通过引入人工智能、物联网和大数据分析等技术，可以显著提升资源配置的效率和精确度。例如，在农业领域，智能化技术可以通过传感器实时监测土壤湿度、气候变化和作物生长情况，自动调整灌溉系统和施肥量。这种精准农业方法不仅减少了资源浪费，还提高了作物的产量和质量。一个具体的例子是，某些地区已经应用了无人机进行农田监测，通过实时数据分析优化种植方案和资源使用。智能化技术的应用使得资源配置更加科学和高效，为农村经济的可持续发展奠定了基础。

（二）数据驱动的资源优化决策

数据驱动的资源优化决策通过对海量数据的分析，提供了更为科学和精准的决策支持。通过收集和分析各种资源相关数据，包括土地利用、气候条件、市场需求等，决策者可以制订出优化的资源配置方案。以农业为例，通过大数据平台，可以分析不同地区的气候条件和土壤类型，结合历史产量数据，制订出最适合的作物种植方案。这种数据驱动的决策不仅提高了资源使用的效率，还能够预测市场需求变化，优化生产和供应链管理。例如，某农业合作社利用数据分析优化种

植结构，使得作物的收益提高了 20%。数据驱动的决策为资源配置提供了科学依据，有助于减少人为干预带来的不确定性和资源浪费。

（三）信息化平台对资源管理的支持

信息化平台在资源管理中的作用日益突出，通过集中管理和实时监控，提高了资源管理的效率和透明度。信息化平台集成了各种资源管理功能，包括数据采集、实时监测、资源调配和信息共享等。例如，农业资源管理系统可以通过综合平台对土地、资金、设备等进行统一调配，确保资源的合理分配和高效利用。这些平台还可以提供资源使用的实时数据和预警信息，帮助管理者及时调整策略。以某些地方的"智慧农业管理平台"为例，它通过信息化手段整合了土壤、水源、气候等方面的信息，大大提高了资源管理的精确度和响应速度。信息化平台的应用不仅提高了资源管理的效率，也增强了资源管理的灵活性和科学性。

（四）科技创新对资源利用效率的推动

科技创新在提高资源利用效率方面发挥了至关重要的作用，新技术、新材料和新工艺的不断涌现，为资源的高效利用提供了新的解决方案。例如，纳米技术在水处理中的应用，可以显著提高水资源的利用效率，减少水污染。在农业方面，生物技术的发展使得高产、抗病虫害的作物品种得以培育，提高了土地和水资源的使用效率。再如，智能灌溉系统的出现，通过精准控制水量，不仅节约了水资源，还提高了作物的生产效率。科技创新不仅提高了资源的使用效率，也推动了经济的可持续发展。某些地区通过引入高效节能的农机具和农业生产技术，显著提高了农业生产的资源利用效率，达到了节约成本和提升产出的双重目标。科技创新的不断推进，将为资源的高效利用提供更加丰富和有效的手段。

智能化技术、数据驱动的决策、信息化平台和科技创新在资源配置中的应用显著提高了资源管理的效率和精确度，这些技术和方法通过优化资源使用、减少浪费和增强决策科学性，为经济发展提供了强有力的支持。智能化手段的引入使得资源管理更加精准，数据分析则提供了科学决策的基础，信息化平台提升了管理的透明度与效率，而科技创新则不断推动资源利用效率的提升。未来，这些先进技术的进一步发展和应用将持续推动资源管理的优化，为实现经济的可持续发展目标提供重要保障。

三、农村资源利用的创新实践

农村资源的高效利用和创新实践对于推动农村经济发展和实现可持续发展目标具有至关重要的作用，随着经济和社会环境的不断变化，传统的资源利用模式已经难以满足现代化发展的需求。因此，成功的资源整合与共享、生态友好型资源利用模式、资源循环利用的实践以及跨界合作与资源整合的创新策略，成了促进农村经济转型和升级的重要途径。下面将探讨这些创新实践在农村经济中的应用与成效，分析它们如何通过优化资源配置、提升生产效率、保护环境和拓展市场，推动农村经济的全面发展。

（一）成功的资源整合与共享

成功的资源整合与共享是农村经济发展的重要创新实践，通过整合土地、资金、技术等资源，可以实现资源的高效配置和利用。例如，在某些地区，农村合作社通过整合农户的土地资源，建立了大规模的农业生产基地。这些合作社不仅提供了先进的农业技术和设备，还共同筹集资金进行规模化生产和市场开拓。通过资源整合，农民能够享受规模效益，减少了单个农户的生产成本，提高了整体收入。以某省为例，成立了以合作社为核心的农业产业联盟，整合了当地的土地、劳动力和资金资源，建立了现代化的农业生产基地。这种资源整合与共享的模式使得生产效率显著提升，同时也带动了当地的经济发展。成功的资源整合与共享不仅优化了资源配置，还增强了农民的合作意识和市场竞争力，为农村经济的可持续发展创造了有利条件。

（二）生态友好型资源利用模式

生态友好型资源利用模式注重在资源利用过程中保护环境和生态系统，通过引入绿色技术和可持续管理措施，减少对自然资源的过度开发和环境污染。例如，某些农村地区采用了生态农业模式，使用有机肥料和天然害虫（Pest）控制方法，避免了化学农药和化肥的使用。这种模式不仅保护了土壤和水源，还提高了农产品的质量和市场竞争力。植被恢复和湿地保护等措施也成为生态友好型资源利用的重要手段。例如，某地区在进行农田改造时，结合植树造林和湿地修复工程，改善了当地的生态环境，提升了土地的生产力。这种生态友好型资源利用模式，不仅有助于环境保护，还促进了农村的生态建设和可持续发展。

（三）资源循环利用的实践

资源循环利用的实践旨在通过资源的重复利用和再加工，最大限度地减少废弃物和资源浪费。例如，一些农村地区通过建立废物回收和处理系统，将农业废弃物如秸秆、畜禽粪便等转化为有机肥料，重新利用于土壤改良和作物生长。这种实践不仅减少了环境污染，还提高了资源的利用效率。农村还积极推进农产品加工和副产品利用，将作物的副产品进行加工，生产出有价值的副产品或再生资源。例如，某地区通过建设秸秆加工厂，将秸秆转化为生物质燃料或环保建材，创造了新的经济增长点。农村资源循环利用的实践不仅减少了废弃物的产生，还促进了资源的有效利用，为农村经济的绿色发展提供了支持。

（四）跨界合作与资源整合的创新策略

跨界合作与资源整合的创新策略通过不同领域和行业的合作，实现资源的综合利用和最大化效益。例如，在某些农村地区，农业与旅游业的跨界合作取得了显著成果。通过将农田和自然景观开发为生态旅游项目，吸引了大量游客，不仅提升了农产品的附加值，还带动了当地的经济发展。农业和互联网技术的融合也为农村带来了新的发展机遇。通过建立农业电商平台，农民可以直接将农产品销售给消费者，减少了中间环节，提高了收入。例如，某地的"互联网+农业"项目通过与电商平台合作，实现了农产品的线上销售和物流配送，帮助农民开拓了新的市场。这种跨界合作与资源整合的创新策略，不仅促进了不同领域的资源共享，还带来了经济和社会效益的双重提升，为农村经济的发展提供了新的模式和思路。

农村资源的创新利用实践在推动农村经济发展中发挥了重要作用，成功的资源整合与共享模式，通过合作社和农业产业联盟的形式，实现了土地、资金和技术的高效配置，大幅提升了农业生产效率和农民收入。生态友好型资源利用模式，通过引入绿色技术和可持续管理措施，既保护了环境又提升了农产品质量。资源循环利用的实践，不仅减少了废弃物和资源浪费，还提高了资源的利用效率，为绿色发展提供了有力支持。通过农业与旅游业的结合以及"互联网+农业"的模式，带来了新的经济增长点和市场机会。这些实践不仅优化了资源利用，提升了农村经济的整体竞争力，也为农村经济的可持续发展注入了新的活力和创造力。

四、资源优化配置的政策建议

资源优化配置是现代经济与环境管理中的核心问题，为了有效应对资源日益紧张的挑战，政府需制定科学的政策措施来优化资源的使用和管理。下面将探讨加强资源管理的法律与政策支持、促进资源配置的市场机制改革、鼓励科技研发与资源利用的结合，以及提升政策执行力与监管体系的完善四个方面的政策建议。这些措施不仅有助于提高资源利用效率，还能推动可持续发展，确保资源的长期可用性和环境保护。

（一）加强资源管理的法律与政策支持

加强资源管理的法律与政策支持对于优化资源配置具有基础性和保障性作用，政府应制定和完善相关法律法规，明确资源管理的职责和权利，确保资源的合理利用和保护。例如，实施《中华人民共和国矿产资源管理法》可以对资源的开采、使用和保护设立具体的标准和要求，同时强化对违法行为的处罚力度。政策方面，可以出台针对不同类型资源的专项管理政策，如水资源管理政策、土地利用规划政策等，以保障资源的可持续利用。在某些地区，已经建立了资源管理委员会，负责协调各部门的资源管理工作，并制定了相关政策以支持生态环境保护和资源节约。这种法律和政策支持不仅规范了资源利用行为，还提升了资源管理的科学性和公正性，确保资源的长期可用性和环境的可持续性。

（二）促进资源配置的市场机制改革

促进资源配置的市场机制改革是提高资源利用效率和优化配置的重要措施，

市场机制可以通过价格信号引导资源的合理配置，从而激励资源的高效使用和节约。例如，可以通过市场化的资源交易平台，建立资源价格的形成机制，让供需关系通过市场调节资源的配置。政策上，可以鼓励建立碳交易市场和水权交易市场等，通过市场化手段调节资源的使用量和价格。以某省的水资源交易市场为例，通过设置水权拍卖和交易平台，农民可以根据实际需求进行水资源的购买和出售，从而有效优化水资源的配置，提高了农业用水的效率。这种市场机制改革不仅提升了资源的配置效率，还促使资源使用者更加关注资源的经济价值和环境影响。

（三）鼓励科技研发与资源利用的结合

科技研发与资源利用的结合可以显著提高资源的利用效率和创新水平，政府应通过政策支持和资金投入，鼓励科技创新，特别是在资源开发、管理和利用领域的应用研究。例如，可以设立专项基金，支持与资源节约和环境保护相关的科技项目，如高效节水灌溉技术、绿色农业技术等。推动科技成果的转化应用，促进科技与生产实际的结合，以实现技术的实际效益。例如，某地区通过与高校和科研机构合作，开发了高效利用太阳能的农业灌溉系统，该系统不仅减少了水资源的使用，还提高了作物的生产力。这种科技研发与资源利用的结合，不仅提升了资源利用的技术水平，还推动了绿色创新和可持续发展。

（四）提升政策执行力与监管体系的完善

提升政策执行力与监管体系的完善对于确保资源优化配置政策的有效实施至关重要，政府需要建立健全的政策执行和监管机制，确保各项政策措施得到有效落实。应强化政策执行的监督和评估机制，通过建立评估指标体系和监测系统，定期对政策执行效果进行评估，发现问题及时调整。要加强对资源管理和利用的监管，确保各类资源使用符合国家和地方的规定。例如，某些地区建立了资源管理信息平台，实时监测资源的使用情况，并对资源使用进行审计和评估。这种完善的政策执行和监管体系不仅改善了政策的实施效果，还确保了资源利用的合规性和科学性，为资源优化配置提供了有力保障。

优化资源配置需要从法律政策支持、市场机制改革、科技创新结合及政策执行与监管体系四个维度进行综合施策，通过制定和完善相关法律法规、推动市场化改革、支持科技研发，以及强化政策执行力和监管体系，能够有效提高资源利用效率，促进资源的可持续发展。这些措施共同作用，将为实现资源的高效利用和环境的可持续发展提供有力保障。

第三章　新质生产力对农村社会治理的影响

第一节　农村社会结构的变化与治理需求

一、农村社会结构的变迁分析

随着城市化进程的加快，农村社会结构经历了显著的变迁。这些变化体现在人口结构、家庭结构、劳动力市场以及社会阶层与分布的各个方面。农村人口总量的下降和老龄化加剧，传统的大家庭模式被核心家庭取代，劳动力从农业向非农产业转移，社会阶层变得更加复杂。下面将深入探讨这些变化，分析其对农村社会治理和经济发展的影响，并提出相应的政策建议，以期为未来的农村社会发展提供参考。

（一）农村人口结构的变化

农村人口结构的变化是农村社会变迁的核心方面之一，近年来由于城市化进程的加快，农村人口出现了显著的变化。农村人口总量出现了下降趋势。大量农村青壮年劳动力迁移至城市，寻求更好的就业机会和生活条件，导致农村地区劳动力不足。农村人口老龄化问题日益严重。年轻人外出务工，留下的多是老人和儿童，导致农村老年人口比例增加，社会保障和养老服务的需求急剧上升。例如，某县统计数据显示，60岁以上的老人占到全县人口的35%，而农村养老设施和服务远远不足，这对农村社会治理提出了新的挑战。农村人口结构的变化对社会治理提出了更高要求，亟须政策制定者关注老年人的社会保障及生活质量问题，同时考虑如何吸引和留住年轻人以缓解劳动力短缺问题。

(二) 农村家庭结构的演变

农村家庭结构的演变反映了社会经济变化对家庭形式和功能的影响。传统的农村家庭以"大家庭"模式为主，即三代或四代同堂，家庭成员众多，家庭内部资源共享，生活方式较为稳定。然而，随着现代化进程的推进，尤其是受城市化和工业化的影响，农村家庭结构发生了显著变化。核心家庭成为主流，即以夫妻及其子女为单位的核心家庭逐渐取代了传统大家庭。家庭成员的流动性增加，许多年轻人选择在外地工作和生活，导致家庭关系的疏离。以某省为例，数据显示，过去10年中，核心家庭比例由40%上升至70%，而大家庭比例则大幅下降。这种变化不仅改变了家庭的社会功能，还影响了家庭对老年人和儿童的照料能力。新型家庭结构的出现要求农村社会治理更加注重对家庭功能的支持，特别是要关注留守老人的生活和子女的教育问题。

(三) 农村劳动力市场的变动

农村劳动力市场的变动与农村经济结构的调整密切相关，过去的农业是农村劳动力的主要就业领域，但随着农村经济的转型升级，劳动力市场发生了深刻的变化。[①] 农村劳动力向非农产业转移加速，特别是在建筑业、服务业和制造业等领域。农村劳动力的技术水平和学历水平也在不断提高，原有的低技能劳动力逐渐转变为高技能劳动力。例如，某地的统计数据显示，农村劳动力从事非农产业的比例已经超过60%，并且越来越多的劳动力具有中专及以上学历。这一变化不仅促进了农村经济的多元化，还对农村社会治理提出了新的挑战，出现了如何提升劳动力的技能培训、如何处理城乡收入差距等问题。新质生产力的引入也要求政策制定者关注劳动力市场的公平性和包容性，以推动农村经济的高质量发展。

(四) 农村社会阶层与分布的变化

农村社会阶层与分布的变化反映了社会经济的深层次变迁，传统农村社会以较为单一的阶层结构为主，但随着经济的发展和社会的进步，农村社会阶层变得

---

① 马彬. 乡村振兴战略背景下农业农村现代化发展路径研究 [J]. 中共山西省委党校学报, 2023, 46(4): 52-58.

更加复杂和多样化。农村社会的经济差距加大，新兴的富裕阶层逐渐出现，这部分人群往往是通过土地流转、企业经营等方式积累财富。中产阶层在农村的比例增加，他们通常拥有较高的教育水平和稳定的收入来源。以某农村地区为例，调查显示，农村社会中拥有高收入和高教育水平的家庭比例增加，而传统的贫困阶层则依然存在。社会阶层的多样化对农村社会治理提出了更高的要求，需要政策制定者在制定社会政策时考虑不同阶层的需求，推动社会公平与和谐。要加强对农村贫困群体的支持，缩小贫富差距，以促进社会的整体稳定与发展。

农村社会结构的变迁是城市化和现代化进程中的重要体现，从人口结构的变化到家庭结构的演变，再到劳动力市场的变动和社会阶层的多样化，这些因素共同塑造了当前农村社会的面貌。面对这些挑战，政策制定者需要更加关注老年人口的社会保障、家庭功能的支持、劳动力技能培训和社会阶层的不平等，以推动农村社会的和谐与可持续发展。这一过程中的政策调整和资源配置将是实现农村全面进步的关键。

二、新质生产力引发的治理需求

随着新经济形态的崛起，社会和经济结构正经历着深刻的变革。传统经济模式主要依赖于物质生产和消费，而新经济则侧重于知识、信息和服务的创造与交换。这种转变不仅重新定义了对交通、住宿等基本服务的需求，也推动了传统行业的转型。生产力的提升、数字化技术的广泛应用和新兴产业的迅猛发展，对社会服务、社会治理和组织形式提出了新的挑战和需求。下面将探讨新质生产力引发的这些治理需求，分析新经济形态下社会需求变化、生产力提升对社会服务的要求、数字化技术对社会治理的影响以及新兴产业对社会组织形式的要求。

（一）新经济形态下的社会需求变化

以共享经济为例，个人可以通过共享平台共享闲置资源来获得收益，满足了个性化和灵活性的需求。这种模式改变了人们对交通、住宿等基本服务的消费方式，并推动了传统行业的转型。新兴的数字化服务如在线教育和远程医疗也显著提升了服务的可达性和便利性，改变了社会对教育和医疗资源的需求模式。

（二）生产力提升对社会服务的需求

生产力的提升不仅体现在生产过程的效率提高，也对社会服务的质量和范围提出了更高要求。技术进步使得自动化、人工智能和大数据等工具广泛应用于生产和管理中，这要求社会服务领域能够快速适应这些新技术。例如，智能客服系统和自动化处理平台已被广泛应用于企业服务中，提高了服务效率并降低了成本。然而，这也使对高技术技能人才的需求激增，社会必须提供更多的职业培训和教育资源，以帮助劳动力适应技术变革，从而实现社会服务的全面提升。

（三）数字化技术对社会治理的影响

数字化技术的广泛应用对社会治理产生了深远的影响，数据驱动的决策方式使得政府和机构能够基于实时数据做出更准确的政策调整。例如，通过大数据分析，城市管理者能够实时监测交通流量和环境质量，从而实施更有效的交通管理和环境保护措施。智能化的公共服务平台（如电子政务系统），极大提高了政府服务的效率和透明度，使得公众能够更方便地获取信息和服务。然而，数字化也带来了隐私和数据安全的挑战，需要建立完善的法律法规和技术保护措施，以确保数字治理的安全性和公平性。

（四）新兴产业对社会组织形式的要求

新兴产业的发展对社会组织形式提出了新的要求，以科技创新为例，创业公司和初创企业的兴起促使传统的组织结构向更加灵活和扁平化的方向发展。新兴产业通常需要跨学科的合作和快速的决策流程，这要求组织能够打破传统的层级管理模式，建立更加灵活的团队协作机制。例如，科技公司在内部采用了项目制和扁平化管理，使得团队成员可以更自由地交流和协作，推动创新和项目的快速推进。新兴产业还促使社会组织更加注重开放合作和资源共享，以适应快速变化的市场环境和不断增长的技术需求。

新质生产力的崛起带来了社会需求的深刻变化，从传统物质生产转向知识和服务的主导地位，促进了共享经济、在线教育和远程医疗等新兴服务模式的发展。生产力的提升不仅提高了生产效率，还推动了职业培训和教育资源的更新。数字化技术的广泛应用使得数据驱动的决策成为可能，提升了社会治理的效率和透明度，但也带来了隐私和数据安全的新挑战。新兴产业的发展促使社会组织形式向更加灵活和扁平化的方向演变，要求更高效的团队协作和资源共享。面对这些新质生产力引发的治理需求，社会必须不断调整和优化其治理策略，以适应快速变化的环境和日益复杂的需求。

三、农村治理中的挑战与机遇

农村治理作为国家治理体系中的重要组成部分，在应对现代社会的复杂需求时面临多重挑战。虽然传统的治理结构曾在稳定乡村社会和促进地方经济中发挥了积极作用，但随着经济的发展和社会的变迁，传统模式的局限性逐渐显现。治理结构的适应性、资源配置的不平衡、新质生产力带来的机遇，以及社会参与和治理能力的提升等方面的问题和机遇，成为当代农村治理必须面对的核心课题。下面将探讨这些挑战与机遇，分析如何通过调整治理结构、优化资源配置、利用新技术以及提升社会参与与治理能力，来推动农村治理的现代化和科学化。

（一）治理结构与功能的适应性问题

农村治理结构的适应性问题主要体现在传统的治理模式难以应对现代社会的复杂需求。传统的农村治理往往依赖乡村干部和村委会，其治理功能包括基础设施建设、社会治安维护以及公共服务提供。然而，随着经济发展和社会变迁，传统模式逐渐显现出治理效率低下、服务不精准等问题。例如，许多农村地区的治理结构仍然以家族、宗族为基础，这种形式在面对市场经济的复杂变化和社会问题时显得捉襟见肘。现代化的治理要求更加专业化的管理能力和科学化的决策机制，以更好地应对新形势下的各种挑战。治理结构必须进行调整，增强对社会经济变化的适应能力，引入更多的专业人员和技术手段，以提高治理的科学性和有效性。

(二) 资源配置与服务供给的不平衡

农村地区的资源配置与服务供给存在明显的不平衡问题，主要表现在资源分配的地域差异和服务水平的差异。城市化进程中，资源更多地向城市倾斜，农村地区在基础设施、教育、医疗等方面的投入不足。例如，一些偏远农村地区缺乏足够的医疗设施和专业医务人员，导致居民就医难的问题严重。教育资源的不足也制约了农村青少年的发展机会。为了实现资源的公平分配，必须采取针对性的政策措施，如加大对农村基础设施的投入，推动远程医疗和在线教育的发展，优化资源配置机制，缩小城乡差距，提升农村居民的生活质量和幸福感。

(三) 新质生产力带来的治理机遇

新质生产力的出现为农村治理带来了新的机遇，技术进步和信息化的发展，使得农村治理能够借助大数据、人工智能等新兴技术提高效率和精准度。例如，通过大数据分析，政府可以实时掌握农村经济运行状况，发现并解决存在的问题，制定更具针对性的政策。互联网技术的普及使得农村地区可以通过电商平台拓宽市场，增加收入来源。这些技术手段不仅提升了农业生产的效率，还改善了农村生活条件，促进了经济发展。新质生产力为农村治理提供了强大的技术支持，有助于推动治理模式的创新和转型，提升治理的科学性和有效性。

(四) 社会参与与治理能力的提升

社会参与和治理能力的提升是改善农村治理的关键，随着农村社会结构的变化，更多的社会力量和组织参与到农村治理中，增强了治理的多样性和灵活性。例如，村民委员会、农民合作社以及各种社会组织的参与，可以有效推动公共事务的管理和社会服务的提供。提高村民的参与意识和治理能力，鼓励他们主动参与村庄建设和公共事务决策，能够增强社区的凝聚力和自我管理能力。政府可以通过培训和能力建设提升村干部的管理水平，利用社会组织的专业优势，整合各种资源，以提高治理效果。社会参与和能力提升的双轮驱动，有助于建设更加民主、透明和高效的农村治理体系。

在当前农村治理中，挑战与机遇并存。传统的治理结构面临适应性问题，亟须通过引入更多专业人员和技术手段来提高效率和科学性。资源配置与服务供给的不平衡问题仍然显著，城市化进程中的资源倾斜使得农村地区在基础设施、教育和医疗方面的投入不足。新质生产力的崛起为农村治理带来了技术支持，利用大数据、人工智能等技术可以提高治理效率和精准度，而互联网技术则拓宽了农村市场，促进了经济发展。社会参与和治理能力的提升是改善农村治理的关键，通过增强社区的凝聚力和自我管理能力，以及政府对村干部的培训，可以建立更加民主、透明和高效的农村治理体系。只有全面把握这些挑战与机遇，才能推动农村治理向现代化、科学化方向发展。

第二节　农村社会组织

一、农村社会组织的现状与功能

在中国农村，社会组织在乡村治理和发展中扮演了至关重要的角色。各自承担着不同的职能，如经济合作、技术推广和社会服务。这些组织通过多样化的结构和运作模式，为农村经济发展和社会进步提供了重要支持。然而，面对资金不足、管理能力欠缺和政策支持不足等挑战，这些组织的有效运作和可持续发展仍需不断探索和改善。

（一）主要社会组织类型与结构

农村社会组织在中国的乡村治理中扮演了重要角色，主要包括农村合作社、乡村企业、农民协会、公益组织等。这些组织的结构多样，通常由基层村委会、地方领导和社区居民共同参与。例如，农村合作社是以农业生产和销售为主要目的的经济组织，通常由一群农民自发组成，共同进行生产资料的采购、产品的销售和利润的分配。另一个重要的组织是农民协会，它主要负责推动农业技术的推广和农民权益的维护。公益组织则着重于提供社会服务和帮助弱势群体，往往由志愿者和社会捐赠资金支持。每种组织都有其特定的结构和功能，通过不同的形式实现对农村社会的服务和管理。

(二) 社会组织在农村社会中的角色

社会组织在农村社会中扮演了多重角色，它们是推动地方经济发展的重要力量。例如，农村合作社通过集体采购和销售，能够减少中间环节的成本，提高农民收入。这些组织还在社会服务和文化建设方面发挥着重要作用。农民协会经常组织农业技术培训，提高农民的生产技能；公益组织则致力于教育、医疗等公共服务的提升，改善村民的生活条件。社会组织还起到连接政府与村民的"桥梁"作用，帮助政府政策的落地和反馈村民的意见与需求。总体来看，社会组织在促进农村经济发展、提升生活质量和加强社会治理方面都具有重要的作用。

(三) 社会组织的运作模式与成效

社会组织的运作模式多种多样，一般包括会员制、合作制和项目制等。会员制的组织（如农村合作社）成员通过缴纳会费或出资入股成为会员，享受组织提供的各种服务。[1] 合作制的组织，如一些农民协会，通过合作共赢的方式进行资源的共享和问题的解决。项目制的组织，则通常是针对特定问题设立的短期项目，完成后解散。不同的运作模式影响着组织的效率和成效。例如，农村合作社通过集体经营和资源整合，提高了生产效率和市场竞争力；公益组织通过项目制的方式开展扶贫、教育等活动，取得了显著的社会效益。然而，组织的实际效果也受到管理水平、资金投入和外部环境等因素的影响。

(四) 当前面临的主要问题与挑战

尽管农村社会组织在推动农村发展和改善民生方面取得了一些成绩，但仍面临不少问题和挑战。[2] 首先是资金不足和管理能力欠缺，很多组织尤其是新兴的公益组织，常常因为缺乏足够的资金和专业管理人才而难以持续运营。组织之间的协调和合作不足，导致资源浪费和重复建设。例如，不同的农业合作社可能在同一地区内重复进行类似的项目，造成资源的浪费。政策支持和法律保障不足也

---

[1] 邱少清,李琳. 产业学院赋能乡村振兴实践研究[J]. 智慧农业导刊,2023,3(22):186-189.
[2] 曾志诚. 数字生产力赋能乡村振兴的优势、挑战及进路[J]. 江汉大学学报(社会科学版),2024(3):5-14.

是一个主要问题，政府对社会组织的支持和指导仍需加强，特别是在税收优惠、法律保障等方面。信息沟通和公众参与的不足，也限制了社会组织的作用发挥。提高组织的透明度和加强公众参与，是解决这些问题的关键。

农村社会组织在促进农村经济发展、提升生活质量和加强社会治理方面发挥了关键作用，农村合作社通过集体经营提高了生产效率，农民协会推动了农业技术进步，公益组织改善了公共服务。然而这些组织也面临资金不足、管理能力欠缺和政策支持不足等问题。为提高其运作效果和可持续发展，亟须解决资源浪费、加强协调合作，并提高透明度和公众参与。

二、新质生产力对社会组织的影响

在当今社会，数字技术和智能化工具的飞速发展正显著改变着各类社会组织的运营模式和服务方式。新质生产力的提升，不仅提高了组织的管理效率，还深化了服务的质量和范围，同时促使组织功能不断拓展，以适应新时代的需求。数字技术的普及为社会组织带来了实时数据共享和高效沟通的新机遇，智能化工具则通过精准服务和高效资源配置，改善了社会服务的质量。而新兴产业的发展不仅丰富了组织的功能，还推动了农村经济的多元化进程。生产力的变化也对组织成员的需求产生了深远的影响，他们对技术培训、信息透明度和决策参与度的期望不断提高。下面将探讨新质生产力对社会组织的各方面影响，揭示数字化转型和智能化手段如何推动组织的现代化进程，并分析生产力变化如何影响组织成员的需求和期望。

（一）数字技术对组织管理的提升

数字技术的应用显著提升了社会组织的管理效率和透明度，通过数字化平台，社会组织能够实现信息的实时共享和管理。例如，数据管理系统使得组织能够高效记录和分析会员信息、财务数据和活动进展，从而提高了决策的科学性和管理的透明度。数字技术还优化了组织内部的沟通流程，采用即时通信工具和在线协作平台，使团队成员更方便地交流和协作。例如，一些农村合作社利用农务管理软件进行农作物生产计划的制订与跟踪，显著提高了生产管理的精准度和效率。

这种数字化转型不仅提高了组织的运营效率,也增强了与外部利益相关者的互动和信任。

(二) 智能化工具对社会服务的改善

智能化工具的引入极大地改善了社会服务的质量和效率,智能化技术(如人工智能、大数据分析和物联网)能够提供更精准的服务和解决方案。例如,智能医疗设备可以实时监测村民的健康状况,并通过数据分析提供个性化的健康建议。智能化工具还促进了公益组织服务的普及与精准,如智能募捐平台可以通过数据分析确定最需要帮助的区域,并有效配置资源。以某公益组织为例,他们利用人工智能分析乡村教育需求,定制化开展教育培训项目,提高了教育服务的覆盖率和效果。这种智能化手段不仅提升了服务的质量,也提高了资源使用的效率。

(三) 新兴产业对组织功能的拓展

新兴产业的快速发展为社会组织的功能拓展提供了新的机遇,随着绿色能源、数字经济和现代农业等新兴产业的兴起,社会组织的功能也得到扩展。例如,某些农村合作社结合新兴的数字农业技术,除了传统的农业生产,还开展了农产品的线上销售和市场分析,增强了市场竞争力。社会组织还积极参与新兴产业的推广与培训,如组织培训班帮助农民掌握新兴农业技术,推动农村经济的多元化发展。这种功能的拓展不仅增强了组织的适应能力,也促进了农村经济的转型升级。

(四) 生产力变化对组织成员需求的影响

生产力的变化直接影响了社会组织成员的需求和期望,随着新质生产力的提升,成员对组织的服务需求也逐渐向高效、智能和个性化转变。例如,成员可能希望组织提供更多关于技术培训和技能提升的支持,以适应新兴技术带来的变化。生产力的提高也导致成员对信息透明度和决策参与度的要求增加。例如,现代化的农民合作社成员不仅关注经济利益的分配,还希望通过数据共享平台参与决策过程,提升自我管理效果和参与感。

新质生产力的提升为社会组织带来了前所未有的机遇和挑战,数字技术的应用显著提高了组织的管理效率和透明度,使信息管理和团队沟通变得更加高效。智能化工具的引入则改善了社会服务的质量,通过精准的数据分析和智能化设备,服务的覆盖率和效果得到了显著提升。新兴产业的发展为组织功能的拓展提供了新的平台,推动了农村经济的转型升级。随着生产力的变化,组织成员对技术支持、信息透明度和决策参与度的需求也在不断上升,这促使社会组织在服务内容和方式上进行调整,以更好地满足成员的期望和适应环境的变化。这些变化不仅反映了社会组织在新时代背景下的发展趋势,也预示着未来组织管理和服务模式的进一步演变。

第三节 农村文化与社会心理的变迁

一、农村文化的历史与现状

传统农村文化是中国悠久历史和丰富农业文明的产物,它在农耕社会中逐渐形成,并融入了民间艺术、节庆活动和宗教信仰等元素。随着社会的变迁和现代化进程的推进,传统农村文化经历了深刻的变化。现代技术和城市化进程使农村文化内容多样化、传播方式现代化,但也带来了传统习俗和手工艺面临挑战的现实。在这样的背景下,如何有效保护和传承农村文化成为亟须解决的课题。

(一)传统农村文化的起源与发展

传统农村文化深植于中国历史的沃土之中,源远流长。最早的农村文化以农耕为中心,农村社会的生产方式和生活习惯在农业文明的推动下逐渐形成。这一时期的文化包括了丰富的民间艺术、习俗和节庆活动,体现了人们对自然的敬畏和对丰收的期盼。宗教信仰、祭祀活动和传统技艺,如剪纸、刺绣等,也在这一时期蓬勃发展。随着社会的演变和农耕技术的改进,传统文化不断吸纳和融合新的元素,从而丰富了农村文化的内涵。家族制度的根深蒂固以及传统的伦理观念,使得这些文化元素得以传承下来,形成了具有地方特色的传统农村文化。

(二) 现阶段农村文化的主要特征

现阶段的农村文化在传统基础上经历了显著的变化,在现代化进程的推动下,农村文化逐渐受到城市文化的影响,表现为以下三个特征:一是文化内容的多样化,现代科技和信息技术的普及使得传统与现代文化元素交融;二是生活方式的变化,传统的农耕生活方式逐步被城市化的生活模式取代,农村文化活动逐渐向娱乐、旅游等方向发展;三是文化传播方式的现代化,互联网和数字媒体成为农村文化传播的新渠道,使得传统文化能够更广泛地传播。尽管如此,农村传统习俗和节庆活动仍然在乡村生活中扮演着重要角色,为现代农村文化增添了独特的韵味。

(三) 农村文化在现代化进程中的变迁

随着社会现代化进程的加快,农村文化经历了深刻的变迁。现代化带来的交通和通信便利使得城市与乡村之间的文化交流更加频繁,农村的生活方式和价值观念受到了城市文化的影响。乡村劳动力的外流和经济结构的转型也促使农村文化出现了新的变化。传统的民间习俗和手工艺在市场经济的冲击下,一些逐渐淡化,另一些则因其独特性而得到复兴。在现代化进程中,农村文化的变迁不仅是传统文化的消退,更是文化创新与发展的过程。例如,许多传统节庆通过现代化的庆祝形式获得了新的生命力,如现代农民画和乡村音乐节等文化活动展示了农村文化的新面貌。

(四) 文化保护与传承的现状与挑战

文化保护与传承面临着诸多挑战。现代化的迅猛发展和全球化的冲击,使得传统农村文化的保护工作变得更加艰难。许多传统手工艺和习俗由于市场需求减少而面临失传的危机。农村人口的流动性增加,年轻人离开乡村进入城市,导致传统文化的传承出现断层。文化保护资源的不足和相关政策的缺失也影响了传统文化的保护效果。为了应对这些挑战,近年来政府和社会组织逐渐重视农村文化的保护与传承,采取了诸如设立文化保护区、组织传统技艺培训班等措施。然而,这些举措仍需在实际操作中不断完善,以实现对农村文化的全面保护和有效传承。

现阶段的农村文化在传统基础上不断融入现代元素,展现出丰富的文化面貌。然而,现代化和全球化的影响也带来了传统文化的冲击,导致许多传统习俗和技艺面临失传的风险。尽管政府和社会组织在积极推进文化保护和传承的措施,但仍需进一步完善策略,平衡传统与现代的需求,以确保农村文化的持续发展和传承。通过持续关注和努力,可以实现农村文化在现代化进程中的保护与创新,保留其独特韵味。

二、新质生产力对农村文化的影响

随着科技和经济的飞速发展,农村文化正经历着前所未有的变革。新质生产力的提升,尤其是数字媒体的广泛应用、新兴产业的兴起以及科技创新的融合,正在深刻影响着传统农村文化的传播、保护和消费模式。过去依赖口口相传和地方节庆的文化传播方式,如今已经被数字化平台所取代,使得农村文化得以迅速传播并获得更广泛的认可。新兴产业带来了对传统文化的冲击,引发了传统文化的变迁和商业化倾向。科技创新与文化创意的融合则为传统文化的保护和发展提供了新的可能性。生产力的提升不仅改变了文化消费的模式,还推动了文化产品的多样化和个性化。下面将探讨新质生产力对农村文化的多方面影响,分析数字媒体、新兴产业、科技创新以及生产力提升如何共同塑造现代农村文化的传播和消费景观。

(一)数字媒体对文化传播的作用

数字媒体的兴起极大地改变了农村文化的传播方式,过去的农村文化主要依靠口口相传和地方性节庆活动进行传播,其覆盖面和影响力有限。然而,数字媒体的出现,如社交网络、视频平台和博客等,为农村文化提供了前所未有的传播渠道。农民能够将本地的传统技艺、节庆活动和民间故事上传到网络上,使这些文化元素能够迅速传播到全国甚至全球。例如,某些地方的传统手工艺品和特色美食通过短视频平台,如抖音和快手,被展示给更广泛的观众,获得了较高的关注度和市场认可。数字媒体不仅提高了农村文化的曝光率,还使得传统文化能够以更加多样和生动的方式呈现,吸引了年轻人的兴趣和参与。

(二) 新兴产业对传统文化的冲击

新兴产业的发展对传统农村文化产生了显著的冲击,随着城市化进程的加快和现代化产业的兴起,传统的农村生产和生活方式受到挑战。例如,现代农业机械化和智能化的推进使得传统的手工耕作和农业技艺逐渐被机械操作取代,这不仅改变了农村生产的方式,也影响了与之相关的传统文化活动和习俗。新兴的旅游业和文化创意产业在吸引大量游客的过程中,也带来了对传统文化的再造和商业化倾向,这可能导致传统文化的变味或失去原有的地域特色。例如,一些地方的传统节庆和手工艺品被包装成旅游纪念品,虽能带来经济收益,但也可能脱离其最初的文化背景和意义。

(三) 科技创新与文化创意的融合

科技创新与文化创意的融合,为农村文化的传承和发展提供了新的机遇。现代科技,尤其是虚拟现实、增强现实和人工智能的应用,使得传统农村文化能够以全新的形式展现。例如,通过虚拟现实技术,用户可以身临其境地体验传统的农耕场景和节庆活动,感受到传统文化的魅力。而人工智能技术则可以帮助分析和记录传统文化的各种数据,促进文化内容的挖掘和展示。这样的技术融合不仅有助于保护和传承农村文化,还能促进文化产业的发展。许多文化创意企业利用科技创新,将传统工艺与现代设计结合,推出了既具有传统韵味又符合现代审美的产品,获得了市场的青睐。

(四) 生产力提升对文化消费模式的改变

生产力的提升带来了文化消费模式的根本变化,以往农村文化的消费主要依赖于地方性的活动和传统方式,如乡村戏曲和节庆表演。现代生产力的提升,尤其是物流和供应链的优化,使得文化产品的流通更加高效,消费者可以轻松获得来自不同地区的文化产品和服务。例如,通过电子商务平台,消费者可以购买到来自全国各地的手工艺品和地方特色产品,极大地扩展了文化消费的范围和形式。生产力的提升还促进了文化产品的多样化和个性化,消费者可以根据个人的兴趣和需求选择不同的文化产品,如定制化的手工艺品和个性化的文化体验服务,这改变了传统的文化消费模式,提高了文化消费的品质和效率。

新质生产力的提升正在深刻地改变着农村文化的面貌,数字媒体的崛起为传统文化提供了前所未有的传播渠道,使其能够迅速跨越地域限制,吸引更广泛的关注。然而,新兴产业的发展也对传统文化造成了冲击,尤其是在城市化和现代化进程中,传统生产和生活方式正面临挑战,同时文化的商业化倾向可能导致其原有特色的丧失。科技创新与文化创意的融合,为传统文化的保护和发展开辟了新的路径,通过现代科技手段,如虚拟现实和人工智能,传统文化得以以全新的方式呈现。生产力的提升不仅改变了文化产品的流通方式,还推动了文化消费模式的变革,使得文化产品的获取和消费变得更加高效和多样化。新质生产力为农村文化的传承和发展带来了机遇与挑战,如何在保持传统特色的同时利用现代科技和产业发展推动文化的创新与传播,将是未来农村文化发展的关键。

三、社会心理的变化与应对策略

近年来社会的快速变化对农村居民的心理状态及整体社会心理产生了深远的影响,城市化进程和经济结构转型带来的压力,使传统农村社区面临着前所未有的心理挑战。从经济压力到家庭结构的变化,再到新经济形态的影响,这些因素正在深刻塑造农村居民的心理健康。新兴经济模式带来的信息过载和工作不稳定性,也为社会心理带来了新的问题。了解这些变化趋势,并制定有效的应对策略,对维护社会稳定和提高心理健康水平至关重要。

(一) 农村居民心理状态的变化趋势

近年来农村居民的心理状态经历了显著的变化,传统上农村社会强调集体主义和社区支持,居民的心理状态相对稳定。然而,随着城市化进程的加快和经济结构的转型,农村居民的生活方式和心理状态正在发生深刻变化。经济压力的增加,如土地流转、收入不稳定以及生活成本上升,导致农村居民的焦虑感和压力感增强。年轻人外出务工导致家庭结构变化,留守老人和儿童的心理问题逐渐凸显,他们常常面临孤独、无助等情绪困扰。现代化和信息化的冲击使得农村居民面临文化认同和价值观念的冲突，传统与现代之间的矛盾可能引发心理困扰。例如，某些农村地区的老年人因无法适应快速变化的社会环境而感到迷茫和被孤立。因此，了解这些变化趋势对于制定有效的心理支持策略至关重要。

（二）新经济形态对社会心理的影响

新经济形态的兴起对社会心理产生了深远的影响，以数字经济、共享经济和平台经济为代表的新兴经济模式，改变了传统的生产和生活方式，同时也影响了人们的心理状态。[1]数字经济的快速发展带来了信息的过载和网络社交的普及，虽然提供了便利，但也可能加剧了个体的孤独感和焦虑感。共享经济和平台经济的兴起，使得工作和生活的界限变得模糊，这种灵活但不稳定的就业模式可能导致收入的不确定性和职业发展的焦虑。例如，外卖骑手和网约车司机面临的不稳定收入和工作压力，使他们在心理上感受到更大的压力。社会对新经济形态的期望和压力也在影响着人们的心理状态，需要综合考虑这些因素以应对心理挑战。

（三）社会支持系统与心理健康服务

社会支持系统和心理健康服务在缓解社会心理问题方面扮演着重要角色，社会支持系统包括家庭、社区以及社会服务机构等，它们为个体提供了情感支持、信息帮助和实际援助。然而，农村地区的社会支持系统往往面临资源不足和服务缺乏的问题，特别是在心理健康服务领域。传统的农村社区往往缺乏专业的心理咨询和治疗资源，这使得心理问题难以得到及时有效的处理。近年来，一些地方的乡镇卫生院和社会组织开始提供心理健康服务，如心理咨询、心理疏导等，帮助居民应对心理问题。例如，某些乡镇开展心理健康宣传和教育活动，提高了居民的心理健康意识和求助能力。然而，仍需进一步加强对心理健康服务的投入和普及，尤其是在资源有限的农村地区。

（四）应对社会心理压力的策略与措施

应对社会心理压力需要综合施策，既包括个体层面的自我调适，也包括社会

---

[1] 刘晓敏．乡村振兴背景下乡村研学发展策略研究［J］．可持续发展，2024,14(5):5.

层面的支持和干预。个体层面，需要增强心理韧性，通过学习和掌握压力管理技巧，如放松训练、时间管理和情绪调节，帮助自己更好地应对压力。建立积极的社会支持网络，与家人、朋友保持良好的沟通，寻求情感支持也是缓解压力的重要方法。社会层面，应加强心理健康教育和宣传，提高公众对心理健康问题的认识和重视程度。政府和社会组织应增加对心理健康服务的投入，尤其是在农村地区，提供专业的心理咨询和辅导服务。例如，某些地区建立了心理援助热线和移动心理咨询车，提供便捷的心理支持服务。综合采用这些措施，可以有效缓解社会心理压力，提高个体和社会的心理健康水平。

社会心理的变化趋势展示了农村居民在经济压力、家庭结构和现代化冲击下的心理挑战，而新经济形态的兴起则加剧了个体的心理压力。针对这些问题，需综合施策，从个体的自我调适到社会支持系统的完善都不可或缺。特别是在资源有限的农村地区，提升心理健康服务的普及率和质量，是应对这些挑战的关键。通过加强心理健康教育、提供专业的咨询服务及建立支持网络，可以有效缓解社会心理压力，促进社会的整体心理健康水平。

四、文化传承与社会心理的平衡

在当今快速发展的社会中，文化传承与社会心理的平衡成为一个重要而复杂的议题。文化传承不仅是传统文化延续的过程，更是个体满足心理需求的重要途径。传统文化不仅承载了丰富的历史和智慧，也是个体身份认同和归属感的关键。然而，现代化进程和全球化的影响使得传统文化面临被边缘化的风险，特别是在年轻人一代中，传统习俗和价值观的接受度逐渐降低。传统文化的传承过程常常伴随代际冲突和心理压力。因此，如何在传承传统文化的同时满足现代社会的心理需求，成为一个亟须解决的课题。下面将探讨文化传承中的心理需求与挑战，社会心理健康对文化认同的促进作用，传统文化与现代心理需求的平衡策略，以及社区和家庭在文化传承中的角色。

（一）文化传承中的心理需求与挑战

文化传承不仅是对传统文化的延续，也是满足个体心理需求的重要途径。传统文化承载了历史和智慧,是身份认同和归属感的来源。然而,在现代化进程中,传统文化的传承面临诸多挑战。文化传承过程中,老一辈往往希望年轻人能够继承传统,而年轻人却常常觉得这些传统与现代生活方式脱节,产生代际冲突。这种冲突可能导致心理上的压力和文化认同的困惑。例如,在一些传统节日中,年轻人对旧习俗的兴趣减退,而长辈则感到失望和困惑,这种心理矛盾在文化传承中显得尤为突出。因此,解决这些心理需求和挑战,需要在传承中找到文化和心理的平衡点。

(二) 社会心理健康促进文化认同

社会心理健康对文化认同的促进作用不容忽视,心理健康不仅关乎个体的幸福感,也影响其对文化的认同和接受。心理健康良好的人更容易对自身的文化背景产生积极的认同感,从而愿意参与文化活动和传承。例如,心理健康教育可以帮助个体更好地理解和尊重传统文化,通过心理支持和辅导,增强对文化遗产的自豪感和归属感。社会的心理健康促进措施,如文化活动、心理支持小组等,能够提供一个良好的环境,激发个体的文化认同感。心理健康促进还包括消除对传统文化的误解和偏见,通过教育和宣传,让更多人认识到文化传承的重要性,从而增强社会的整体文化认同。例如,一些地方通过举办文化节庆和心理健康讲座,成功地提升了居民对传统文化的兴趣和认同感。

(三) 平衡传统文化与现代心理需求

在现代社会,传统文化和心理需求之间的平衡成为一个重要议题。传统文化提供了精神支柱和价值观指导,但现代心理需求也需要得到关注。传统习俗有时可能与现代人的心理需求不完全契合,这就需要在传承过程中进行适当的调整。要关注文化的核心价值,而非仅仅拘泥于形式。例如,可以在保持传统节日的核心精神的同时采用适应现代生活的方式来庆祝这些节日。针对现代人的心理需求,如个体化的需求和自我表达的需求,要在传统文化中找到融合点。例如,一些传统节日被赋予了新的庆祝方式,如数字化祝福和线上活动,既保留了传统文化的元素,又满足了现代人的社交需求。这种平衡能够帮助个体在尊重传统中满足现代心理需求，从而促进文化的健康传承。

(四) 社区与家庭在文化传承中的角色

社区和家庭在文化传承中扮演着至关重要的角色，家庭是文化传承的第一课堂，通过日常的生活和习俗提升孩子对传统文化的认识和尊重。例如，家庭中的传统节日庆祝活动，不仅传递了文化习俗，还增进了家庭成员之间的情感联系。社区作为文化传承的集体平台，通过组织各种文化活动，如传统工艺展览、民俗表演等，提供了参与和体验传统文化的机会。社区的支持能够帮助家庭在文化传承中找到更多的资源和支持。举例来说，一些社区通过设立文化传承中心，开展传统手工艺课程，吸引了大量年轻人参与，从而有效地促进了文化的传承和发展。家庭和社区的协作，能够为文化传承提供更为坚实的基础和支持。

文化传承与社会心理的平衡是一个多维度的问题，涉及传统文化的延续、心理需求的满足以及现代社会的适应。文化传承中的心理需求和挑战表明，在现代化进程中，传统文化面临边缘化的风险，并且代际冲突带来的心理压力是文化传承中的一个重要问题。社会心理健康对文化认同的促进作用显著，良好的心理健康可以增强个体对传统文化的认同感，并促进文化活动的参与。通过心理健康教育和社会支持措施，可以有效提升对文化遗产的自豪感和归属感。平衡传统文化与现代心理需求需要在保持文化核心价值的同时适应现代生活的方式，如数字化庆祝和个体化需求的融合。家庭和社区在文化传承中的角色不可或缺，家庭作为第一课堂，社区作为集体平台，共同提供了文化传承的支持和资源。通过家庭和社区的协作，可以为文化传承提供坚实的基础，推动传统文化在现代社会中的健康发展。

第四节　乡村治理模式的创新与实践

一、乡村治理模式的演变

乡村治理模式在中国经历了显著的演变，从传统的宗族和乡绅主导的管理模式，到改革开放后的制度化治理，再到现代化进程中的综合治理。这些变化反映了社会经济结构的转型以及对治理效果的不断追求。从明清时期的宗族管理，到改革开放后的村民自治，再到当代的智慧乡村建设，乡村治理的发展历程不仅展示了政策与社会适应的过程，也体现了现代化治理的不断推进。

（一）传统乡村治理模式的特征

传统乡村治理模式主要以宗族和乡绅为核心，乡村社会结构较为简单，治理模式以宗族制度和地方自治为主。宗族内部存在明确的等级和权威，族长或宗族领导者在村庄治理中扮演关键角色。他们负责解决村庄内部的纠纷、组织集体活动、分配资源等。这种模式强调道德规范和亲情关系，依赖口碑和传统习俗来维系社会秩序。乡绅在乡村经济和社会活动中也发挥着重要作用，他们通过个人的威望和财富影响乡村事务，推动地方的经济和文化发展。在明清时期的中国，许多乡村依靠宗族和乡绅的自我治理。例如，江南地区的某些乡村由大族家族领导，族长在解决纠纷时，通常依据传统的家规和伦理，处理过程侧重于维护家族的名誉和秩序，而不是严格依照法律条文。

（二）改革开放以来的治理变化

改革开放以来，乡村治理模式经历了深刻的变化。随着市场经济的推进，国家对乡村的治理逐渐引入了法律和制度化管理，传统的宗族治理模式被逐步取代。乡村集体经济组织和村民委员会开始发挥越来越重要的作用。特别是在 20 世纪

80年代，国家推行了农村改革政策，如实行家庭联产承包责任制，这不仅改变了乡村的经济结构，也促使乡村治理结构进行调整。村民委员会作为基层自治组织，负责村庄的日常管理，逐步建立起民主选举和法治管理的机制。政府在乡村治理中的角色也发生了变化，从直接管理转向服务和支持，提供基础设施建设和公共服务。

（三）现代化进程中的治理转型

在现代化进程中，乡村治理模式经历了进一步的转型，主要表现为从单一的经济管理到综合治理的转变。现代乡村治理不仅关注经济发展，还重视社会服务、环境保护和文化建设。政府推出了一系列政策，如"乡村振兴战略"，旨在通过整合资源、优化结构来推动乡村全面发展。现代信息技术的应用，如互联网和大数据，也开始融入乡村治理，为乡村提供了更加精准和高效的管理手段。村庄的治理更加注重科学化、规范化，并且鼓励社会参与，通过多方合作实现治理目标。例如，湖南省在推行乡村振兴战略过程中，通过建设智慧乡村，利用大数据和信息化手段，提升了对农村问题的预警和解决能力，如实时监测环境污染情况，及时组织相关部门进行处理。这种现代化治理模式不仅提高了工作效率，也增强了村民的参与感和满意度。

乡村治理模式的演变体现了中国社会的变革与发展。从传统的宗族和乡绅治理，到改革开放后的法治和民主化管理，再到现代化的综合治理和信息化手段，乡村治理模式不断适应新的社会需求和挑战。这些转型不仅提升了治理的公平性与效率，也促进了乡村经济、社会和文化的全面发展。随着乡村振兴战略的推进和技术的不断进步，乡村治理模式将更加科学化、规范化，并更注重多方合作和村民的参与。

二、新质生产力推动下的治理创新

在新质生产力的推动下，智能化技术、数据分析、数字平台和新兴产业正深刻改变乡村治理的方式。这些变革不仅提升了治理效率和服务质量，还带来了新的挑战和机遇。智能化技术的应用提高了环境监测和公共安全管理的精准度，数据分析与决策支持系统使得政策制定更加科学和精准,而数字平台的融合则让社区治理变得更加高效便捷。新兴产业的发展更是推动了乡村经济的增长,同时促进了治理模式的创新,下面将深入探讨这些因素如何共同推动乡村治理的创新和优化。

(一)智能化技术在治理中的应用

智能化技术的迅猛发展正在推动治理模式的创新,提高了治理效率和服务质量。智能化技术主要包括人工智能、物联网、智能传感器等,它们在乡村治理中发挥着越来越重要的作用。例如,智能化监控系统可以实时监测环境污染,自动预警并迅速报告有关部门,大幅提升了环境治理的反应速度和准确性。智能化技术在公共安全方面也表现出色,如通过智能视频监控和人脸识别技术,能够实时监控公共区域,保障居民的安全。智能农业技术的应用,比如无人机播种和精准施肥,也有效提高了农业生产效率和资源利用率,从而促进了乡村经济的发展。举例来说,浙江省某乡村通过引入智能化垃圾分类系统,使用智能垃圾桶和监控设备自动分类和处理垃圾。这种系统不仅提高了垃圾处理的效率,还减少了人工干预,改善了村庄的环境卫生。

(二)数据分析与决策支持系统

通过大数据技术,政府可以收集和分析来自不同领域的数据,如人口流动、经济活动、环境监测等,进而做出更加科学和精准的决策。数据分析帮助识别潜在问题、预测趋势以及评估政策效果,推动了治理模式的智能化和科学化。例如,通过分析农村人口的流动数据,政府可以制定更符合实际的公共服务政策,优化资源配置,提升治理效率。举例来说,江苏省某市通过建立综合数据平台,集成了农业、经济、社会等多方面的数据。这一平台可以实时分析乡村的经济状况和社会需求,为政策制定者提供决策支持,从而有效提升了乡村治理的科学性和精准度。

（三）数字平台与社区治理的融合

数字平台的出现极大地促进了社区治理的创新，通过建立各种数字平台，如社区管理平台、在线服务平台等，乡村治理变得更加高效和便捷。这些平台不仅提供了信息共享和沟通交流的渠道，还支持在线办理各种事务，提高了居民的参与感和满意度。例如，数字化平台可以实现在线申报、审批和服务请求，减少了传统面对面办理的烦琐手续，节省了时间和成本。平台还可以进行居民意见的收集和处理，增强了社区治理的透明度和互动性。举例来说，湖北省某乡村推出了数字化社区服务平台，居民可以通过手机应用程序（App）进行问题反馈、服务申请以及参与社区活动。这种平台的推广不仅提高了社区服务的效率，还促进了居民的积极参与和社区的凝聚力。

（四）新兴产业对治理模式的影响

新兴产业的发展对乡村治理模式产生了深远的影响，新兴产业，如电商、绿色能源和高科技农业，不仅改变了乡村经济结构，还推动了治理模式的创新。这些产业带来的经济增长和就业机会，提高了乡村的活力和吸引力，同时也带来了新的治理挑战和需求。例如，电商的发展促进了乡村产品的市场化，但也要求治理体系能够适应新的商业模式和交易环境。绿色能源项目的推广需要相应的政策支持和监管体系，而高科技农业的应用则要求改进相关的服务和管理机制。举例来说，云南省某乡村通过发展电子商务，建立了农产品的线上销售平台。这一新兴产业不仅带动了地方经济发展，还推动了乡村治理模式的创新。例如，政府推出了相关的电商培训课程，帮助农民提升电商技能，进一步推动了乡村振兴。

新质生产力的推动下，智能化技术、数据分析、数字平台和新兴产业对乡村治理模式产生了深远影响。智能化技术提升了治理的精准度和效率，数据分析和决策支持系统增强了政策制定的科学性，数字平台促进了社区治理的便利性和透明度，而新兴产业的兴起则带来了经济和治理模式的双重变革。这些创新不仅促进了乡村经济的发展，也为治理模式的提升提供了新的思路和方法。在未来的治理实践中，如何有效融合这些新质生产力，将是提升乡村治理水平的关键。

三、乡村治理的实践路径

乡村治理的实践路径涵盖了多方面的创新与调整，旨在提升治理的有效性与效率。随着乡村振兴战略的深入推进，传统的治理模式已逐渐显现出信息闭塞和效率低下的问题。为应对这些挑战，各地积极探索创新的治理模式，包括"治理+服务"新模式、网格化管理等，同时注重多方参与机制、资源整合及反馈机制的建立。这些措施不仅优化了治理结构，还增强了乡村治理的适应性和实效性，推动了乡村振兴目标的实现。

（一）创新治理模式的实施

创新治理模式在乡村治理中起到了关键作用，推动了治理体系的现代化和科学化。传统的乡村治理模式多依赖行政管理和村委会的职能，容易出现信息闭塞和效率低下的问题。近年来，各地通过引入"治理+服务"的新模式、探索"乡村治理网格化"管理等方式，取得了显著成果。例如，部分地区通过成立乡村治理创新试点，实施"政府主导、市场运作、社会参与"的三位一体治理模式，充分调动各方资源和积极性，提高了治理的精准度和实效性。这种模式不仅优化了资源配置，还增强了乡村治理的灵活性和适应性，有效应对了乡村发展中的各种挑战。举例来说，山东省某县通过试点"智慧乡村治理"模式，将政府服务、市场需求和居民参与有机结合。通过建设信息化平台，实现了政策服务、公共安全、社会管理的综合监管，提升了乡村治理的整体效能。

（二）多方参与的治理机制

多方参与的治理机制是实现乡村治理有效性的关键，现代乡村治理强调政府、市场和社会三方的协调合作，各方共同参与治理过程，可以增强治理的综合性，扩大治理的覆盖面。具体实践中，政府需要搭建有效的沟通平台，鼓励企业、非政府组织和居民参与到治理中来，形成"政府引导、市场主导、社会参与"的治理格局。例如，乡村发展项目中，引入社会资本和专业组织参与，不仅能引入资金和技术支持，还能提升项目的可持续性和社会认可度。建立多元化的参与机制，如村民代表大会和社区咨询委员会，增加了决策的透明度和民主性，有助于调动各方积极性，实现共治共享。举例来说，河南省某乡村通过组建"乡村振兴社会服务中心"，邀请企业和社会组织参与乡村建设与管理。企业提供资金和技术支持，社会组织负责项目实施和评估，居民则参与日常管理和反馈，形成了良好的协作机制。

（三）资源整合与效率提升策略

资源整合是提升乡村治理效率的重要策略。在乡村治理中，往往存在资源分散、重复建设等问题，这些问题影响了治理效率和效果。通过资源整合，可以减少重复投入，优化资源配置，提高整体效能。具体做法包括整合政府部门、社会组织及市场资源，建立跨部门协作机制，打破部门壁垒。如，通过"资源共享平台"，可以将农业、教育、医疗等领域的资源整合在一个平台上，实现信息共享和资源共用，避免重复建设和资源浪费。这种整合不仅提高了资源的利用效率，还使得服务更加贴近乡村实际需求，提高了居民的获得感和满意度。举例来说，湖南省某乡村通过建立"乡村服务综合体"，将农业技术推广、职业培训、医疗服务等资源整合在一起，为乡村居民提供一站式服务。这种整合提高了资源的使用效率，增强了服务的连贯性和针对性。

（四）评估与调整治理实践的反馈机制

评估与调整是保证乡村治理实践有效性的关键环节，一个完善的反馈机制能够及时发现治理中的问题，并根据实际情况进行调整和改进。评估应包括定期检查治理措施的实施效果、居民满意度调查以及对治理目标的达成情况进行综合评估。通过反馈信息，政府和相关部门可以了解实际问题，及时调整策略和措施。例如，建立常态化的评估体系，包括定期的绩效评估和居民意见反馈机制，能够帮助政府和相关部门及时修正和优化治理措施，增强治理的针对性和有效性。举例来说，广东省某乡村建立了"乡村治理评估委员会"，定期对治理效果进行评估，并通过居民问卷调查收集意见。评估结果用于指导后续治理工作的调整和优化，提高了治理工作的透明度和适应性。

  乡村治理的实践路径通过创新模式、多方参与、资源整合及评估调整等策略，显著提高了治理的精准度与整体效能。创新治理模式如"智慧乡村治理"提升了信息化和服务整合，创造了更高效的治理体系。多方参与机制强化了政府、市场与社会的协同合作，增强了治理的覆盖面和透明度。资源整合策略减少了重复投入，优化了资源配置，提升了服务的针对性和连贯性。最终，通过建立完善的评估与反馈机制，乡村治理能够不断调整和改进，确保实践效果的持续提升。这些实践路径的综合运用，为乡村振兴和可持续发展奠定了坚实的基础。

第四章　新质生产力驱动下的农村生态文明建设

第一节　农村生态环境的现状与挑战

一、农村生态环境的现状分析

农村生态环境作为社会生态系统的重要组成部分，直接关系到农业生产的可持续性、居民的生活质量以及自然资源的保护。农村生态系统的基本结构由土地、植被、动物及水体等自然要素和人类活动交织形成的复杂网络构成。这一系统通过多种生态功能维持生态平衡，承担着空气净化、水源涵养、土壤肥力保持以及生物栖息地提供等关键服务。然而，随着农业现代化进程的推进，农村生态环境面临着诸多挑战。过度使用化肥和农药、污水处理设施的不完善、空气污染以及生物多样性的减少等问题，严重威胁着生态系统的稳定性和可持续性。地方政府和社区在生态环境管理中发挥了关键作用，但仍面临资源不足和管理水平参差不齐的问题。

（一）农村生态系统的基本结构与功能

农村生态系统是一个由自然环境和人类活动交织形成的复杂系统，主要包括土地、植被、动物以及水体等组成部分。从基本结构上看，农村生态系统通常由农业生产区、林地、湿地和水体等生态单元组成。这些单元通过物质循环和能量流动相互作用，共同维持生态平衡。功能方面，农村生态系统承担了重要的生态服务。例如，农田和湿地通过水体净化和土壤保持功能，减少了水土流失，提高了土地的可持续利用性。近年来，随着农业现代化进程的推进，农村生态系统面临着环境压力的增加,如化肥、农药的过度使用影响了土壤质量和水体健康。

(二) 土壤、水体与空气质量现状

土壤质量是农村生态环境健康的重要指标,目前许多农村地区的土壤受到农药和化肥的过量施用影响,土壤酸化、盐碱化问题严重,土壤肥力下降。水体质量方面,农村水体污染问题突出,农田排水中的化肥、农药残留物直接进入河流湖泊,造成了水体富营养化和生态破坏。许多农村地区的污水处理设施不完善,生活污水未经处理直接排放,也加剧了水体污染。空气质量方面,农村的空气污染主要来源于部分工业排放。

(三) 农村生物多样性与生态平衡

生物多样性是维持生态系统稳定性和生产力的重要基础,在传统农业模式下,农村地区的生物多样性程度相对较高,耕作与自然生态系统相互融合,存在多样的动植物种群。然而,随着现代农业的扩展和单一作物种植的增加,生物多样性面临威胁。农药和化肥的使用降低了土壤和水体中的生物种类,改变了生态链的平衡。过度开发和利用土地也导致了自然栖息地的破坏,使得一些原本依赖特定生态环境的动植物种群面临灭绝风险。保持生物多样性和生态平衡,需要采取有效的保护措施,如设立生态保护区和推广多样化农业种植模式。

(四) 地方政府与社区对生态环境的管理现状

地方政府在农村生态环境管理中发挥了重要作用,但面临的挑战也不容忽视。近年来,政府部门逐步加强了对农村生态环境的监管,通过制定和实施环境保护法规、开展生态环境监测等措施,提高了对生态环境保护的重视程度。然而,由于农村地区的经济发展压力和管理资源的不足,生态环境保护工作仍然存在许多问题。例如,部分地方政府在推进工业化和城镇化过程中,对环境保护重视不足,导致了生态破坏。社区层面的环境管理能力也有所欠缺,一些农村社区缺乏必要的环保设施和知识,环境管理水平参差不齐。为了改善农村生态环境,除了政府的政策引导,还需要加强社区参与和公众环保意识的提升,形成全社会共同参与生态文明建设的良好局面。

当前农村生态环境面临复杂且严峻的挑战。农村生态系统虽然具备丰富的生态功能，但由于现代农业活动的影响，土壤、水体和空气质量受到了显著损害。土壤质量因过度使用化肥和农药而下降，水体污染问题尤为突出，空气质量也受到工业污染和工业排放的威胁。生物多样性和生态平衡受到严重威胁，传统的多样化农业模式被现代单一作物种植所取代，生态链的平衡遭到破坏。在管理层面，地方政府和社区的努力虽有所进展，但仍面临诸多挑战。政府虽加强了对生态环境的监管，实施了相关法规，但经济发展压力和管理资源的不足使得生态保护工作进展缓慢。社区层面的环境管理能力也亟须提升，以应对日益严峻的环境问题。要实现农村生态环境的改善，需要全社会的共同努力，包括政策引导、社区参与和公众环保意识的提升。只有通过综合施策，才能有效遏制环境恶化，促进农村生态环境的可持续发展。

二、主要环境问题与挑战

在现代农业和农村工业化的背景下，环境问题日益凸显，成为全球面临的重大挑战。农业生产虽然提升了作物产量，但对土壤、水体和生物多样性造成了深远影响。农村工业化带来的污染问题也不容忽视，小型工业的废气、废水和固体废物排放不受控制，严重威胁了环境和居民的健康。资源过度开发导致的生态退化和环境治理资源与技术不足的问题，更是加剧了环境的恶化。理解这些问题并寻求有效的解决方案，是实现农村可持续发展的关键。

（一）农业生产对环境的压力

农业生产对环境的压力主要体现在土壤、水体和生物多样性等方面。现代农业为了提高产量，大量使用化肥和农药，这些化学品在提高作物产量的同时也对土壤质量造成了严重影响。例如，过量施用化肥会导致土壤酸化，降低土壤肥力，使其更易受侵蚀。农药的残留物通过雨水进入水体，导致水体富营养化，造成藻类大量繁殖，影响水质和水生生物的生存。土壤和水体污染还会反过来影响作物的健康，降低农业生产的可持续性。农村地区的耕作方式也会破坏自然生态平衡。例如，单一作物种植导致生物多样性减少，使生态系统的稳定性降低。

（二）农村工业化带来的污染问题

农村工业化虽然带来了经济增长，但也引发了严重的环境污染问题。许多农村地区为了追求经济效益，引进了小型工业和加工企业，这些工业常常缺乏必要的环保设施，导致废气、废水和固体废物的排放不受控制。例如，农村的砖瓦厂和小煤矿在生产过程中产生大量的粉尘和有害气体，影响空气质量。未经处理的工业废水直接排放到水体中，造成水体污染和生态破坏。工业化进程中对环境法规的忽视，导致了土壤、空气和水体的严重污染，进一步影响了居民的健康和生活质量。

（三）资源过度开发与生态退化

资源过度开发是导致生态退化的重要原因之一，在农村地区，随着经济的快速发展，过度开发自然资源的现象普遍存在。例如，森林资源被过度砍伐以满足木材需求，导致森林覆盖率降低，生态系统的稳定性和生物栖息地受到严重威胁。矿产资源的开采也对环境造成了巨大压力，过度开采不仅破坏了地表结构，还引发了水土流失和土壤污染。农业用地的扩张也使得自然生态系统被进一步侵占，减少了自然栖息地的面积，影响了动植物的生存环境。

（四）环境治理资源与技术的不足

环境治理资源与技术的不足是当前农村生态环境管理中的一个关键问题，许多农村地区在环境治理方面临资金短缺、技术水平低和管理能力不足等挑战。环保设施的缺乏，如污水处理厂和垃圾处理设施，导致了大量的污染物无法有效处理，进一步加剧了环境问题。环保技术的缺乏使得许多农村地区无法采取先进的污染治理措施，导致治理效果不佳。例如，许多地方仍使用传统的污染治理方法，难以应对复杂的环境问题。

农业生产对环境的压力、农村工业化的污染问题、资源过度开发及环境治理资源与技术的不足，构成了当前农村环境管理中的主要挑战。农业的化肥和农药使用、工业废物排放以及资源开采等问题严重影响了土壤、水体和生物多样性。而治理这些问题的难点在于资源和技术的短缺。为了实现可持续发展，必须深入探讨这些环境问题的根源，并采取综合治理措施，以保护和改善农村生态环境。

三、新质生产力对生态环境的影响

随着科技的发展和全球对可持续发展的关注，新质生产力在农业和工业领域的应用逐步改变了传统生产模式，带来了显著的环境效益和挑战。从新兴农业技术到绿色生产力，再到数字化工具在环境监测中的应用，这些新质生产力的应用在改善生产效率和减少环境影响方面发挥了关键作用，然而生产力的提升也可能带来潜在的生态风险。因此，在推进生产力发展的过程中，如何平衡经济增长与生态保护成为一个重要课题。

（一）新兴农业技术与环境效益

新兴农业技术正逐步改变传统农业生产方式，带来显著的环境效益。[1] 精细农业技术利用卫星定位和传感器技术，能够精准管理土壤肥料和水资源的使用，从而减少化肥和农药的施用量。例如，使用无人机和遥感技术监测作物健康状况，可以实时调整施肥和灌溉策略，减少过度施用的情况。有机农业和保护性耕作等技术通过减少对化学品的依赖和保护土壤结构，进一步减少环境污染。利用生物技术改良作物品种，提高作物对病虫害的抵抗力，也有助于减少农药的使用。新兴农业技术的应用，在提高作物产量和质量的同时，有效地减少了对环境的负面影响，促进了农业的可持续发展。

（二）绿色生产力对污染减排的作用

绿色生产力的推广对于污染减排发挥了重要作用，绿色生产力强调在生产过程中采用环保材料和清洁能源，减少废物产生和污染排放。例如，企业通过引入先进的废气净化系统和废水处理技术，可以显著降低生产过程中产生的有害物质

---

[1] 周斌，张菊媛. 数字化赋能乡村振兴的实践路径研究［J］. 农业与技术，2024(8):174-177.

排放。绿色生产还包括循环经济的实施，即通过资源的再利用和回收减少原料消耗和废物生成。例如，塑料包装的回收和再加工技术不仅减少了塑料废料对环境的危害，还节约了原料资源。企业还可以通过优化生产流程和使用节能设备，进一步减少能源消耗。绿色生产力的提升不仅能够降低环境污染，还能推动经济的可持续增长，改善生态环境质量。

（三）数字化工具在环境监测中的应用

数字化工具在环境监测中的应用极大地提升了环境管理的效率和准确性，利用物联网技术，传感器和监控设备能够实时采集和传输环境数据，如空气质量、土壤湿度和水体污染物浓度等。这些数据可以通过云计算和大数据分析技术进行处理和分析，从而提供精确的环境监测结果。例如，智能空气质量监测系统能够实时跟踪污染物的变化，帮助政府和公众及时了解空气质量状况，并采取相应的应对措施。数字化工具还可以实现环境数据的可视化，便于决策者和公众对环境问题的理解和应对。通过这些先进的技术手段，环境监测变得更加高效和精准，有助于及时发现和解决环境问题，促进生态环境保护。

（四）生产力提升对生态保护的潜在影响

生产力的提升在推动经济发展的同时，对生态保护也具有潜在的影响。一方面，先进的生产技术和管理方法可以提高资源使用效率，减少资源浪费，从而减轻对自然环境的压力。例如，工业生产中的节能减排技术和高效的资源回收利用系统，能够有效减少对环境的负担。另一方面，生产力提升也可能带来资源过度开发和生态破坏的风险。快速的经济增长可能导致对自然资源的过度开采，威胁生态系统的稳定。因此，在提升生产力的同时必须实施严格的环境保护措施，平衡经济发展与生态保护之间的关系。通过制定和执行环保政策、推动绿色技术的应用，可以在提高生产力的同时保护生态环境，实现经济和生态的双赢。

新质生产力的引入和应用对生态环境产生了深远的影响，在农业领域，精细农业技术和有机农业的推广有效减少了化肥和农药的使用，降低了环境污染，促进了农业的可持续发展。绿色生产力的实施，通过使用环保材料和清洁能源，显著减少了污染物的排放，并推动了循环经济的发展，进一步改善了生态环境质量。数字化工具的应用则提高了环境监测的效率和准确性，通过实时数据采集和分析，快速发现和应对环境问题。尽管如此，生产力的提升也可能带来资源过度开发和生态破坏的风险，因此，必须在提高生产力的同时实施严格的环保措施，推动绿色技术的应用，以实现经济与生态的双赢。

四、生态环境保护的迫切性

生态环境的健康与农村可持续发展密切相关，农村地区不仅是农业生产的基础，还承载着重要的生态系统功能。良好的生态环境可以维持土壤肥力和水源充足，从而支持农业的可持续发展。然而，生态环境的破坏，如土地退化和水源枯竭，直接威胁农村经济的可持续性。生态破坏也对人类健康构成严重威胁，环境污染和生态退化会影响空气、水源和土壤质量，进而影响公众健康。因此，修复和保护生态环境已成为紧迫任务，需要采取有效的措施，如植树造林、湿地恢复和生物多样性保护。公众参与和政策支持在生态保护中扮演着重要角色，能够促进环保行动的实施和生态保护目标的实现。通过综合施策可以有效应对生态环境的退化问题，实现农村可持续发展与公共健康的双重保障。

（一）生态环境对农村可持续发展的重要性

生态环境的健康对农村可持续发展至关重要，农村地区不仅是农业生产的基础，也是生态系统的重要组成部分。良好的生态环境能够保持土壤肥力，保证水源充足，从而支持高效且可持续的农业生产。例如，湿地和森林能够调节水循环，防止水土流失，保障农田的稳定生产能力。健康的生态系统还提供了丰富的生物资源，这些资源对农村经济发展和居民生活水平的提升至关重要。若生态环境遭到破坏，如过度开发导致的土地退化和水源枯竭，将直接影响农作物的产量和质量，进一步威胁农村经济的可持续性。因此，保护和改善生态环境不仅是农村经济发展的基础，也是实现农村可持续发展的关键。

（二）生态破坏对人类健康的威胁

生态破坏对人类健康构成了严峻威胁，环境污染和生态退化直接影响空气、水源和土壤的质量，从而对公众健康造成危害。例如，工业污染和汽车尾气释放的有害物质可以导致呼吸道和心血管疾病，而水体污染则可能引发水源性疾病，如霍乱和肝炎。生态破坏还可能破坏生态平衡，导致传染病传播的风险增加。例如，森林砍伐和湿地消失可能促进疾病携带者（如蚊子）扩散，增加疟疾等疾病的发生率。从长远来看，生态系统的退化还可能影响食物链，导致营养失衡，进一步威胁人类的健康。因此，保护生态环境不仅是维护生态平衡的需要，更是保障公共健康的必要措施。

（三）生态修复与保护的紧迫任务

生态修复与保护是当前面临的紧迫任务，随着全球化和工业化进程的推进，生态系统的退化问题日益严重，包括土地沙化、水体污染和生物多样性丧失等。修复受损的生态系统需要采取多种措施，如植树造林、湿地恢复和水土保持等。例如，重建湿地可以改善水质，增强对自然灾害的缓冲能力，而植树造林则有助于增加碳汇，减缓全球变暖。保护生物多样性也是生态修复的重要组成部分，通过保护濒危物种和恢复生态栖息地，能够维持生态系统的稳定性和自我修复能力。只有加快实施这些修复和保护措施，才能有效应对生态环境的退化问题，确保生态系统的可持续性。

（四）公众参与与政策支持的必要性

公众参与与政策支持在生态环境保护中扮演着不可或缺的角色，公众的广泛参与不仅能够提升环保意识，还能促进环保行动的有效实施。例如，通过社区活动和环保教育，公众能够了解和参与到生态保护工作中，如垃圾分类和节能减排等。政策支持则提供了制度保障和资金支持，推动环保项目的实施和生态保护措施的落实。例如，各级政府可以制定环保法规，建立生态补偿机制，支持绿色技术的研发和推广。政策支持还包括国际合作，通过参与全球环境保护协议和项目，推动全球范围内的生态保护工作。只有在公众积极参与和政策有力支持的双重作用下，才能实现全面的生态环境保护和可持续发展目标。

生态环境的保护对于农村可持续发展和人类健康至关重要，健康的生态系统不仅能保持农业生产的基础，还能维护水源和土壤的稳定，从而促进农村经济的可持续增长。生态破坏对人类健康造成严重威胁，包括空气污染、水体污染以及生态失衡带来的疾病风险。生态修复与保护的紧迫任务要求采取多种措施，如植树造林、湿地恢复和保护生物多样性，以应对生态系统的退化问题。公众的积极参与和政策的有力支持是实现全面生态保护和可持续发展的关键。通过全社会的共同努力保护生态环境，能够实现长远的生态和经济双赢。

第二节　生态农业与绿色生产方式

一、生态农业的理念与实践

生态农业作为一种现代农业生产模式，旨在通过模仿自然生态系统的运行机制，实现农业生产的可持续性。这一模式不仅关注如何提高农业生产效益，还致力于保护自然环境和资源的循环利用。下面将深入探讨生态农业的基本理念与原则、主要技术与方法，以及国内外成功案例和实施中的挑战与对策，以期为生态农业的推广与实践提供全面的参考和指导。

（一）生态农业的基本理念与原则

生态农业的基本理念是以自然生态系统为基础，通过模仿自然界的运行机制来实现农业生产的可持续性。其核心原则包括：生态平衡、资源循环利用、环境友好和经济效益最大化。生态农业注重维持和恢复生态平衡，通过优化作物与环境的关系，减少对化肥和农药的依赖，从而减少环境污染。资源循环利用是生态农业的重要原则，通过使用有机肥料和农业废弃物，增强土壤肥力，实现资源的循环利用。生态农业还关注环境友好，强调保护自然环境、维护生物多样性和减少农业对环境的负面影响。经济效益最大化则是在保证生态平衡和环境保护的前提下，实现经济效益的提升。生态农业不仅关注短期的经济收益，更注重长期的生态效益和可持续发展。通过这些基本理念和原则，生态农业能够在保护环境的同时提高农业生产的可持续性和经济效益。

（二）生态农业的主要技术与方法

生态农业的主要技术和方法包括多样化作物种植、轮作与间作、绿色防控以及有机肥料使用。多样化作物种植通过引入多种作物种类，增加生态系统的稳定性和抗风险能力。例如，在同一块土地上种植不同类型的作物可以减少害虫的传播和病害的发生。轮作与间作技术能够有效改善土壤结构，减少病虫害的积累，提高作物的产量和质量。绿色防控技术则是利用生物防治和物理防治措施替代化学农药，如引入天敌昆虫来控制害虫数量。有机肥料的使用能够提升土壤肥力，增加土壤有机质含量，从而提高作物的生产能力和品质。例如，堆肥和绿肥是常见的有机肥料，通过自然分解过程提供丰富的养分，同时改善土壤的结构和保水能力。这些技术和方法共同构成了生态农业的核心，能够有效提高农业生产的可持续性。

（三）国内外生态农业的成功案例

国内外生态农业的成功案例展示了生态农业在提高农业生产效益和保护环境方面的巨大潜力。例如，浙江省的"生态农业示范区"通过推广生态农业技术，实现了土壤质量的提升和作物产量的增加，同时减少了化肥和农药的使用。通过实行"稻—鱼共生"模式，种植水稻与养鱼相结合，不仅提高了水稻的产量，还改善了水体质量。国际上，瑞士的生态农业模式也取得了显著的成功。瑞士的生态农场采用了全面的有机种植和综合养殖技术，取得了高质量的有机产品，并通过严格的生态标准维护了良好的生态环境。美国加州的"生态农业网络"则通过研究和推广生态农业技术，帮助农民实现了经济效益的提升和环境保护的双赢。

这些成功案例表明，生态农业不仅能够有效提高生产效率，还能保护生态环境，为农业可持续发展提供有力的支持。

（四）生态农业实施中的挑战与对策

生态农业实施过程中面临诸多挑战，其中主要包括技术难题、经济成本和市场需求等问题。技术难题是生态农业推广的主要障碍。虽然生态农业的技术不断发展，但在实践中仍可能遇到技术难度大、操作复杂的问题。例如，生态农业对土壤和作物的管理要求较高，需要专业的知识和技能。为解决这一问题，可以通过加强技术培训和推广，提升农民的技术水平和管理能力。经济成本也是制约生态农业发展的一个重要因素。生态农业初期投入较高，包括生态设备、生态肥料等，可能导致经济压力。对此，可以通过政府补贴、金融支持等方式减轻农民的经济负担，并鼓励农民参与生态农业项目。市场需求不稳定也是一大挑战，生态产品的市场需求可能受到经济波动和消费者认知的影响。为了应对这一问题，需要加强市场宣传和推广，提高消费者对生态产品的认知度，同时鼓励企业和农民合作，拓展销售渠道。通过采取这些对策，可以有效克服生态农业实施中的挑战，推动生态农业的健康发展。

生态农业通过坚持生态平衡、资源循环利用、环境友好和经济效益最大化等核心原则，致力于在保护环境的同时提升农业生产的可持续性。其主要技术包括多样化作物种植、轮作与间作、绿色防控和有机肥料使用，这些方法共同促进了农业的可持续发展。国内外的成功案例展示了生态农业在提高生产效益和环境保护方面的巨大潜力。然而，实施过程中仍面临技术难题、经济成本和市场需求等挑战。通过技术培训、经济支持和市场推广等对策，可以有效应对这些挑战，推动生态农业的进一步发展。

二、绿色生产方式的推广

随着全球环境问题的日益严重，绿色生产方式作为一种旨在减少对环境负面影响的生产模式，正受到越来越广泛的关注。绿色生产不仅注重在生产过程中的节能减排，还强调从原材料选择到废弃物处理的全生命周期管理。它的核心在于提高资源利用效率、减少废物和排放、使用可再生资源以及推动资源循环利用。在这一背景下，绿色生产技术的应用、政策支持与激励措施以及市场接受度的变化，都是推动绿色生产方式发展的关键因素。下面将探讨绿色生产方式的核心概念与标准、技术应用现状、政策支持与激励，以及市场接受度与市场推广策略，从而为进一步推动绿色生产模式的实施提供有益的参考和借鉴。

（一）绿色生产方式的核心概念与标准

绿色生产方式的核心概念是指在生产过程中尽可能减少对环境的负面影响，同时提高资源的使用效率。具体标准是环境管理体系标准，它提供了系统化的方法来管理和减少企业的环境影响。绿色生产强调全生命周期的环保，包括设计、生产、使用及废弃处理等各阶段。

（二）绿色生产技术的应用现状

绿色生产技术包括先进的节能设备、废物回收利用技术、环保材料的应用等，在应用现状上，许多企业已经开始采用这些技术以降低环境影响。例如，太阳能电池板的使用大幅度减少了对化石燃料的依赖，风力发电机的推广使得更多电力来源变得更加环保。3D打印技术也在减少原材料浪费方面表现突出。一些制造业公司通过引入这些技术，不仅提高了生产效率，还减少了废料的生成，从而践行了绿色生产理念。例如，某家电子产品公司引入了高效节能的制造设备，并采用可回收材料进行生产，成功实现了生产过程的绿色转型。

（三）绿色生产模式的政策支持与激励

政策支持和激励措施是推动绿色生产模式的重要因素，政府通常会通过制定环保法规、提供财政补贴、税收减免等方式来鼓励企业实施绿色生产。[①]例如，中国政府推出了绿色信贷政策，提供低息贷款支持环保项目，同时对符合环保标准的企业给予税收优惠。许多国家还设立了绿色认证制度，促进建筑行业的绿色转型。政府还推动了绿色技术的研发和推广，如设立专项资金支持清洁能源技术的发展。例如，某国家对采用绿色生产技术的企业给予了税收减免和技术研发补

---

① 陈小萍. 乡村振兴背景下新型农村合作社发展路径研究[J]. 农村经济与科技,2022,33(18):5-7.

贴，这些政策激励了更多企业向绿色生产模式转型。

（四）绿色生产方式的市场接受度与推广策略

绿色生产方式的市场接受度正在逐步提高，消费者对环保产品的关注度增加推动了市场的变化。为了有效推广绿色生产，企业需要制定明确的市场策略，包括教育消费者、增强品牌信誉、与环保组织合作等。例如，某品牌通过透明的环保生产报告和积极参与环保活动，赢得了消费者的信任和支持。绿色认证标志的使用也能提升产品的市场竞争力。企业通过在线和离线渠道宣传绿色生产的优势，逐步提高了市场对环保产品的接受度。例如，一家化妆品公司通过推广绿色包装和无害成分的产品，成功吸引了大量环保意识强的消费者，扩大了市场份额。

绿色生产方式代表了现代生产的可持续发展方向，通过减少对环境的负面影响和提高资源使用效率，推进了经济与环境的和谐发展。绿色生产的核心概念涵盖了减少废物和排放、节能减排、使用可再生资源以及资源循环利用等方面。绿色生产技术的应用已取得显著成效，如太阳能和风能的使用、3D打印技术的引入，都有效降低了环境影响并提升了生产效率。政策支持与激励措施也是推动绿色生产的重要因素，政府通过环保法规、财政补贴和税收优惠等方式，鼓励企业转型为绿色生产模式。绿色生产方式的市场接受度逐渐提升，消费者对环保产品的关注度增加，促使企业制定有效的市场推广策略。通过透明的环保生产报告、绿色认证标志以及积极的环保活动，企业不仅提升了品牌信誉，也扩大了市场份额。绿色生产方式在各方面的推动下正逐步实现其可持续发展的目标，为全球环保事业做出了积极贡献。

三、新质生产力推动下的农业生态化

在现代农业发展的背景下，新质生产力的引入正在推动农业生态化进程的加速。先进技术和智能化设备的应用不仅显著提升了农业生产效率，还有效降低了对环境的负面影响。精准农业技术、智能设备、数据驱动的生产方式以及新质生产力的引领，使得生态农业得到了前所未有的发展机会。这些技术和管理模式不仅优化了资源使用，提高了作物产量和质量，还促进了农业生态系统的健康和可持续发展。下面将详细探讨先进技术如何推动生态农业的发展，智能化设备如何与生态农业结合，数据驱动的农业生产如何实现环境保护，以及新质生产力如何优化农业生态系统，为农业的可持续未来提供新的视角和解决方案。

（一）先进技术对生态农业的促进作用

先进技术在推动生态农业发展中发挥了重要作用，它们不仅提高了农业生产效率，还显著减少了对环境的负面影响。精准农业技术通过高精度传感器和无人机的应用，能够实时监测土壤湿度、作物健康等信息，实现精准施肥和灌溉，从而减少了化肥和水资源的浪费。生物技术的应用，如基因编辑和转基因作物，能够培育出抗病虫害的新品种，减少了对农药的依赖，降低了对生态环境的破坏。先进的温室技术，如控制环境系统和智能温室，能够在优化光照、温度和湿度的条件下，稳定地生产生态农产品，提升了作物的品质和产量。例如，某农业企业利用精准农业技术和无人机监控系统，优化了施肥和灌溉策略，成功减少了30%的水资源和化肥使用量，同时提高了作物的产量和质量，体现了先进技术在生态农业中的巨大潜力。

（二）智能化设备与生态农业的结合

智能化设备的引入为生态农业的发展提供了强大的技术支持，例如自动化播种机、智能灌溉系统和机器人采摘机等，能够在减少人工干预的情况下实现精确操作。自动化播种机可以根据土壤和作物的不同需求，调整播种深度和间距，从而提高种植效率并减少资源浪费。智能灌溉系统通过实时监测土壤湿度和气象数据，自动调整灌溉量，避免了过度灌溉现象，保护了土壤结构。机器人采摘机则能够在最佳时机进行采摘，减少了果实损伤，提高了收获效率。例如，某生态农业园区引入了智能灌溉系统和自动化播种机，不仅提高了生产效率，还大幅度降低了水资源和化肥的使用量，促进了生态农业的可持续发展。

（三）数据驱动的农业生产与环境保护

数据驱动的农业生产利用大数据和人工智能技术，能够精确分析和优化农业生产过程，促进环境保护。通过建立农业数据平台，农民可以实时获取土壤、气象、作物生长等方面的信息，从而做出科学的管理决策。数据分析可以帮助农民预测病虫害的发生，制定相应的防控措施，减少农药使用。数据驱动的技术还可以优化作物轮作和施肥计划，提高资源的使用效率，降低对环境的影响。例如，某农业公司通过建立数据分析平台，结合卫星遥感技术和传感器数据，优化了施肥和灌溉策略，减少了30%的农药和化肥使用量，并有效降低了对地下水的污染，实现了农业生产与环境保护的双赢。

（四）新质生产力对农业生态系统的优化

新质生产力的引入有助于优化农业生态系统，促进农业的可持续发展。新质生产力包括新技术、新设备、新管理模式等，这些因素能够有效改善传统农业的生态环境。例如，通过引入绿色技术，如生物农药和有机肥料，减少了化学品的使用，保护了土壤和水体的健康。新质生产力还推动了农业与自然生态的协调发展，如推广农田生态系统的建设，结合生物多样性保护和土壤健康管理，提升了生态系统的自我修复能力。智慧农业系统的应用，如集成的农田管理平台，可以综合考虑气候、土壤和作物生长状况，优化农业生产模式，减少资源浪费。某生态农业示范区通过综合应用绿色技术和智慧农业系统，实现了农田生态系统的优化，不仅提高了农产品的质量和产量，还促进了生态环境的恢复和保护。

新质生产力在推动农业生态化方面发挥了重要作用，通过引入先进技术和智能设备，农业生产效率得到了显著提升，同时对环境的负面影响也得到了有效减少。精准农业技术和智能化设备通过优化资源使用和减少人工干预，促进了生态农业的高效、精准管理。数据驱动的生产方式不仅帮助农民做出科学决策，还有效减少了农药和化肥的使用，保护了环境。新质生产力的应用则通过引入绿色技术和智慧农业系统，优化了农业生态系统，实现了资源的高效利用与生态环境的和谐发展。新质生产力的推动使得农业在提高生产能力的同时更加注重生态环境的保护，推动了农业的可持续发展。

四、生态农业的可持续发展路径

生态农业作为一种新兴的农业发展模式，致力于在实现经济效益的同时维护和改善生态环境。其核心在于将生态保护与经济增长相结合，推动地方经济的多元化发展，同时实现资源的循环利用和减少浪费。为了确保生态农业的可持续发展，政策支持、市场机制以及科学的监测与评估体系都扮演了至关重要的角色。下面将深入探讨生态农业如何通过与地方经济发展的结合、资源循环利用与减少浪费、政策支持与市场机制以及监测与评估体系来实现其可持续发展目标。

（一）生态农业与地方经济发展的结合

生态农业与地方经济发展的结合，能够实现经济效益与生态效益的双赢。生态农业推动了地方经济的多元化发展。在传统农业基础上，引入生态农业实践，能够促进地方特色农产品的开发，如有机蔬菜、绿色水果等，这些高附加值的产品不仅满足了消费者对健康食品的需求，还提高了地方经济的收入。生态农业带动了相关产业的发展，如生态旅游和乡村振兴。通过建设生态农业示范园区，吸引游客前来观光、体验农业生产活动，能够增加地方旅游业的收入，同时带动当地餐饮、住宿等服务业的繁荣。生态农业的推广还能够创造就业机会，改善农民的生活条件。例如，某地通过发展生态农业，建立了多个有机农产品生产基地和农场体验中心，这不仅提升了当地的农产品市场竞争力，还吸引了大量游客，带动了地方经济的全面发展，实现了经济增长与生态保护的良性循环。

（二）资源循环利用与减少浪费

资源循环利用与减少浪费是实现生态农业可持续发展的关键路径。生态农业强调资源的循环利用，通过一系列措施来减少农业生产过程中的资源浪费。利用农业废弃物进行资源化处理，如将作物秸秆和动物粪便转化为有机肥料，不仅减少了废弃物的排放，还改善了土壤质量。推广节水灌溉技术，如滴灌和喷灌系统，能够精确控制水分供应，减少了水资源的浪费。生态农业还鼓励采用可再生能源，如太阳能和风能,用于农业生产和温室气体控制,降低了对化石能源的依赖。例如,某农业合作社通过建立资源循环利用系统,将农业废料转化为有机肥料,并引入节水灌溉技术,成功减少了30%的资源浪费,同时提升了作物的生长效果和促进了土壤的健康。

(三)生态农业的政策支持与市场机制

政策支持和市场机制是推动生态农业发展的重要保障,政府应制定和实施相关政策,鼓励生态农业的推广和发展。例如,提供财政补贴和税收优惠,降低农民实施生态农业的成本;建立绿色认证制度,鼓励生产和销售有机农产品。市场机制方面,通过完善绿色产品市场体系,推动生态农业产品的认证和品牌建设,增强市场竞争力。建立生态农业合作社和农民联盟,推动资源共享和技术交流,提高整体生产水平和市场响应能力。例如,某地政府推出了生态农业补贴政策,并通过绿色产品认证体系推广当地有机产品,这不仅提升了生态农业的市场认可度,也帮助农民增加了收入,实现了政策与市场的有效结合。

(四)生态农业实践的监测与评估体系

建立健全生态农业实践监测与评估体系,对于确保生态农业的可持续发展至关重要。监测与评估体系应包括环境、经济和社会三个方面。环境监测包括对土壤质量、水资源和生物多样性的定期检测,确保农业活动对环境的影响在可控范围内;经济评估涉及对生态农业项目的成本效益分析,确保投入产出比合理,促进经济效益的最大化;社会评估则关注农民的生活水平变化和社会福利提升,确保生态农业发展带来的社会效益。例如,某生态农业示范区建立了全面的监测与评估体系,通过定期的环境和经济数据采集与分析,及时调整农业生产策略,确保生态农业的长期可持续发展。通过这些措施,不仅提升了农业的生产效益,也保护了环境,促进了社会的和谐发展。

生态农业的可持续发展依赖于多个关键路径的有效结合,生态农业与地方经济的结合不仅推动了经济的多元化,还带动了相关产业的发展,促进了地方经济的全面提升。资源循环利用和减少浪费是实现生态农业可持续性的核心，通过有效的废弃物处理、节水技术和可再生能源的使用，能够显著减少资源浪费。政策支持和市场机制则为生态农业的发展提供了保障，政府的财政补贴、税收优惠以及绿色认证制度，增强了市场竞争力。建立完善的监测与评估体系，涵盖环境、经济和社会三个方面，确保了生态农业的长远发展。通过这些综合措施，生态农业不仅提升了农业生产效益，还实现了生态保护和社会福祉的平衡。

第三节 农村可再生资源的开发与利用

一、可再生资源的潜力与现状

在全球能源结构转型的背景下，可再生资源在农村地区的开发与利用逐渐成为提高能源自给率和推动可持续发展的关键。农村可再生资源（如太阳能、风能、生物质能和水能），具有广泛的分布和利用潜力。虽然当前在技术进步、政策支持和项目实施方面已有显著进展，但仍面临资源利用效率低、资金投入不足和规划管理不科学等挑战。通过科学规划与国际借鉴，可以进一步提升可再生资源的开发水平，实现能源的可持续发展。

（一）主要可再生资源类型及其分布

农村可再生资源主要包括太阳能、风能、生物质能和水能等，太阳能资源广泛分布在大多数农村地区，尤其是气候干燥和晴天较多的区域，如西北干旱区和南方的丘陵地带。这些地区拥有丰富的太阳辐射资源，可以有效地利用太阳能进行发电和热水供应。风能主要集中在沿海地区和高原地区，这些地区风速较高，适合建设风力发电站。生物质能主要来自农业废弃物，如秸秆、畜禽粪便等，这些资源在广大农村地区广泛存在。水能则主要分布在有河流和溪水的山区，适合小型水电站的建设。通过对这些资源的科学规划和合理利用，可以大幅提升农村能源的自给自足能力。

（二）当前可再生资源开发的规模与现状

当前农村可再生资源的开发已经取得了一定的进展，但整体规模仍有待扩大。太阳能方面，农村地区的光伏发电系统逐渐增加，特别是在贫困地区，国家政策推动了大量的光伏扶贫项目，这些项目已经覆盖了数万个村庄。风能的开发相对集中在沿海和高原地区，虽然建设了不少风力发电场，但整体发电能力仍然有限。生物质能的开发则主要集中在大型生物质能发电厂和气化炉的建设，尤其是在粮食生产大县，这些地方的资源利用效率逐步提升。水能方面，虽然小型水电站数量有所增加，但大部分山区的水能资源仍未被充分开发。例如，某地区通过太阳能和生物质能的联合开发，已经建立了综合能源利用系统，大幅提升了当地的能源自给率。

（三）资源开发中存在的主要问题

尽管农村可再生资源开发取得了一定进展，但在实际应用中仍面临一些问题。技术水平和设施设备的落后限制了资源的高效利用。例如，部分农村地区的光伏发电系统由于缺乏先进技术和维护经验，发电效率较低。资金投入不足和政策支持不够也阻碍了资源开发的扩大。许多小型可再生能源项目由于缺乏足够的财政支持，难以顺利实施。资源开发的规划和管理不够科学，导致资源利用效率不高。例如，在某些地方，风能和太阳能项目的建设未经过充分的资源评估，导致投资效益低下。解决这些问题需要提升技术水平、增加财政投入和改进规划管理，以实现可再生资源的高效利用。

（四）国内外可再生资源利用

国内随着政策的推动和技术的进步，农村可再生资源的利用逐渐增多。中国政府通过出台各种扶持政策，如光伏扶贫、风电补贴等，鼓励农村地区发展可再生能源。例如，某地通过光伏扶贫项目已实现了农村电力的自给自足，提高了农民的生活水平。国外许多国家也积极推动农村可再生资源的利用,如德国和丹麦等国已经建立了成熟的风力发电和生物质能利用体系,这些国家通过国家补贴和市场机制推动了可再生能源的发展;日本和印度等国在农村地区推广太阳能发电,也取得了显著成绩。借鉴这些成功经验,可以为我国农村可再生资源的开发和利用提供有益的参考和借鉴。

农村地区的可再生资源在当前能源开发中展现出巨大潜力,尤其是在太阳能、风能、生物质能和水能方面。然而,资源开发还面临技术不足、资金短缺和规划管理等问题。国内外已有一定的进展,借鉴成功经验并加强技术、资金和管理的投入,将有助于解决这些问题。通过这些措施,农村可再生资源的综合利用可以进一步提升,推动能源自给率的提高,促进可持续发展。

二、新质生产力在资源开发中的应用

在现代社会,资源开发面临着严峻的挑战,包括资源枯竭、环境污染和能源需求的不断增长。新质生产力的兴起为应对这些挑战提供了新的解决方案。特别是先进技术的应用、数字化与智能化的发展、新质生产力的策略以及科技创新与资源开发的融合模式,为资源开发的可持续性和效率提升提供了强有力的支持。通过引入高效的技术、优化管理流程、整合资源和推广创新成果,现代资源开发正在迈向一个更加高效、环保和经济的新阶段。这一进程不仅在满足日益增长的能源需求方面发挥了重要作用,也在推动环境保护和可持续发展方面取得了显著进展。

(一)先进技术在资源开发中的作用

先进技术在资源开发中扮演着至关重要的角色,特别是在提高资源利用效率、减少环境影响和降低成本方面。例如,光伏技术的进步使得太阳能发电的效率显著提升,从单晶硅电池到新型钙钛矿电池的出现,不仅提高了光电转换效率,还降低了生产成本。风力发电领域,先进的风机设计和智能控制系统的应用,使得风能的利用更加高效和稳定。生物质能方面，气化技术和发酵工艺的创新，使得农业废弃物转化为清洁能源的效率得到显著提高。例如，某地区采用了先进的气化技术，将稻秧转化为可燃气体，不仅减少了废弃物的处理难度，还提供了稳定的能源供应。先进技术的应用，推动了资源开发的可持续性和经济性，为满足能源需求和环境保护目标提供了有效支持。

（二）数字化与智能化对资源开发的影响

数字化与智能化技术的应用正在深刻改变资源开发的方式，提升了资源利用的精准度和效率。[①]通过大数据分析、物联网和人工智能，可以实时监控和优化资源的开发过程。例如，在风力发电领域，通过智能传感器和数据分析，可以实时调整风机的角度和转速，从而最大化发电量并减少故障率。光伏发电系统则利用智能监控系统，对光伏板的发电情况进行动态调整，以应对不同天气条件带来的变化。数字化技术还可以优化资源开发的规划和管理，通过模拟和预测分析，提前识别潜在问题，制定更有效的开发策略。例如，某地通过引入数字化平台，实现了风电场的实时监控和数据分析，显著提高了资源的利用效率和管理水平。数字化与智能化的融合，为资源开发提供了新的工具和方法，推动了整体效率的提升。

（三）新质生产力提升资源利用效率的策略

新质生产力的提升主要依赖于技术创新、管理优化和资源整合。技术创新如高效能源转换技术、先进的储能技术和智能化控制系统，可以显著提高资源的利用效率。例如，使用新型储能电池可以更好地平衡可再生能源的波动，提高能源系统的稳定性。管理优化通过科学的资源规划和运营管理，减少资源浪费并提高利用效率。例如，采用精细化管理模式，对资源的使用情况进行实时监控和调整，能够有效提高资源的使用效率。资源整合则通过多种资源的联合开发，如风能与太阳能的联合利用、农田与生物质能源的结合，提升整体资源的利用效率。例如，某地区通过结合太阳能和生物质能，实现了能源的综合利用，不仅提升了能源供

[①] 白洁．乡村振兴背景下农村电商发展路径研究［J］．农村经济与科技，2022,33(20):4.

应的稳定性，还减少了资源的浪费。通过技术创新、管理优化和资源整合，能够有效提升新质生产力，提高资源利用的整体效率。

（四）科技创新与资源开发的融合模式

科技创新与资源开发的融合模式主要包括技术研发、试点应用和规模推广等阶段，技术研发阶段通过实验室研究和技术验证，开发出适合资源开发的新技术。例如，在太阳能领域，通过研发新型高效光伏材料，提升了光电转换效率。试点应用阶段将新技术应用于小规模的试点项目中，验证其实际效果和经济性。例如，某地在风电项目中引入新型风机设计，通过试点项目验证了其在不同气候条件下的适应性和性能。规模推广阶段则将经过验证的技术推广到更大范围的资源开发项目中，实现大规模应用。例如，某地区通过推广试点成功的光伏技术，建设了大规模光伏发电站，实现了可再生能源的大规模利用。科技创新与资源开发的紧密融合，不仅推动了新技术的应用，还提升了资源开发的效率和可持续性，为能源转型和环境保护提供了有力支持。

新质生产力在资源开发中的应用正推动着资源利用效率的显著提升，先进技术的不断创新，如光伏技术、风力发电和生物质能转换技术，提高了资源开发的效率。数字化与智能化的引入，利用大数据分析、物联网和人工智能，实现了对资源开发过程的实时监控和优化，进一步提高了资源利用的精准度和效率。通过技术创新、管理优化和资源整合，新质生产力的提升策略有效减少了资源浪费，增强了资源开发的综合效益。科技创新与资源开发的融合模式，通过技术研发、试点应用和规模推广，推动了新技术的大规模应用，提升了资源开发的整体效率和可持续性。这些进展不仅满足了当前的能源需求，也为未来的资源开发奠定了坚实的基础，推动着社会向更加绿色、智能的方向发展。

三、可再生资源的合理利用

在全球资源有限的背景下，实现资源的合理开发与利用是推动可持续发展的核心任务。面对资源开发与环境保护的双重挑战，必须在满足经济需求的同时保护生态环境，提升资源利用效率，以及合理开发地方特色资源。这不仅关系到经济增长，更会影响社会的整体福祉和环境的长远健康。通过科学规划、技术创新和有效的政策法规，可以在资源开发与环境保护之间找到平衡，实现经济、环境和社会的协调发展。

（一）资源开发与环境保护的平衡

资源开发与环境保护的平衡是实现可持续发展的关键，开发资源时需严格评估对环境的潜在影响，并采取预防措施，如环境影响评估和环境管理体系。例如，在矿业开采中，采用先进的技术和设备减少对生态环境的破坏，恢复开采后的生态系统，既能满足资源需求，又能保护环境。政策和法律的制定也至关重要。政府应制定环境保护法规，并对违规行为施加惩罚，以促使企业在资源开发过程中优先考虑环境保护。总的来说，通过科学规划、技术创新和政策法规的保障，可以在资源开发与环境保护之间找到平衡点，确保经济和生态的双重利益。

（二）资源利用效率的提升措施

提升资源利用效率是降低资源消耗和环境影响的重要途径，推广高效的资源利用技术至关重要。例如，在工业生产中，引入先进的生产工艺和设备，如高效节能的机械和自动化生产线，可以显著降低原材料的浪费。实施资源循环利用也是提升效率的有效措施。通过废物回收和再加工，将废弃物转化为新资源，减少对新资源的需求。推动节约型生产和消费模式，如推行节能产品和减少不必要的消费，可以有效减少资源的消耗。综合运用这些措施，能显著提升资源的使用效率，实现资源的可持续利用。

（三）地方特色资源的合理开发利用

地方特色资源的合理开发利用不仅可以推动地方经济发展，还能保护和弘扬地方优秀文化。例如，某些地区具有丰富的矿产资源，通过科学规划和合理开发，可以将这些资源转化为地方经济增长的动力。然而，开发过程中必须尊重当地的生态环境和文化传统，避免破坏性开采。以某些地方的传统工艺品为例，合理开发和推广这些特色产品不仅能带动地方经济发展，还能提升地方文化的影响力。

政府和企业应加强对地方特色资源的调研与规划，制定科学的开发策略，确保地方特色资源得到合理利用，实现经济和文化的双赢。

（四）资源利用中的经济效益与社会效益分析

资源利用不仅涉及经济效益，也与社会效益密切相关。经济效益方面，通过有效的资源开发和利用，可以促进生产力提升、增加就业机会和财政收入。例如，矿产资源的开采和加工可以带动相关产业的发展，增加地方经济的收入。社会效益方面，资源的合理利用能提高生活质量，改善基础设施，推动社会进步。例如，清洁能源的开发和使用不仅减少了环境污染，还提升了人们的生活品质。合理的资源管理还可以减少社会冲突，促进社会的和谐稳定。因此，资源利用的规划和管理应综合考虑经济和社会效益，以实现全面的可持续发展。

资源的合理利用是实现可持续发展的关键，在资源开发与环境保护之间需要通过严格的环境评估和管理，采用先进技术，确保生态系统的恢复。提升资源利用效率，推行资源循环利用和节约型生产模式，可以显著减少资源浪费。地方特色资源的合理开发，不仅能够推动地方经济，还能保护和弘扬地方文化。最终，综合考虑经济效益与社会效益，通过科学管理和规划，能够实现资源的可持续利用，促进经济、社会和环境的全面协调发展。

四、资源开发利用的长效机制

资源的开发与利用在推动经济增长和社会发展的过程中起着至关重要的作用，然而面对资源的有限性和环境保护的紧迫性，如何在开发资源的同时确保其可持续性和生态平衡，成为政策制定者、企业和公众共同关注的问题。为了实现这一目标，建立科学、合理且长效的资源开发机制是关键。资源开发的政策法规与管理制度、监督与评估体系、可持续发展的管理模式以及公众参与与社会支持，是确保资源开发过程透明、合法、有效的支柱。下面将探讨这些方面的具体实施策略，并分析它们如何共同作用以促进资源开发的长效机制。

（一）资源开发的政策法规与管理制度

资源开发的政策法规与管理制度是确保资源开发合理、合法和可持续的基础，政府应制定明确的法律法规，涵盖资源开采、利用和保护的各个方面。例如，《中华人民共和国矿产资源法》对矿产资源的开采流程、环境保护要求以及资源税收政策进行了详细规定。这些法规确保了资源开发的透明度和合法性，并为企业提供了明确的操作标准。管理制度方面，应建立健全资源开发审批流程，实行严格的许可制度，确保每一项开发活动都经过充分的环境影响评估和公众参与。建立资源开发的档案管理系统，记录开发过程中的各项数据和环境监测结果，为未来的监管和决策提供依据。通过这些政策法规和管理制度，可以有效控制资源开发过程中的风险，实现资源的可持续利用。

（二）资源开发的监督与评估体系

资源开发的监督与评估体系是确保开发活动符合规定并有效管理环境影响的关键。首先必须建立独立的监管机构，负责对资源开发项目进行全过程监督。该机构需定期检查开发活动是否符合环保法规，并对违规行为进行处罚。例如，环保部门可以对矿山开采进行定期检查，确保企业执行环保措施。评估体系应包括环境影响评估和环境监测。环境影响评估在项目启动前对可能的环境影响进行评估，并提出相应的减缓措施；而环境监测则持续跟踪开发活动对环境的实际影响，及时发现和解决问题。定期发布评估报告，提高信息透明度，接受社会公众的监督，也是有效监督的重要环节。这一体系不仅有助于提升资源开发的规范性，还能促进环境保护与资源管理的长效机制。

（三）可持续发展的资源管理模式

可持续发展的资源管理模式强调在开发和利用资源时，既要满足当前需求，又要为未来的发展留出空间。必须推行综合资源管理，统筹考虑资源的开采、使用和再生。例如，实施矿山修复技术，不仅可以在开采过程中减少对环境的影响，还可以在开采后恢复生态环境。采用基于生态系统服务的管理模式，评估和维护自然生态系统提供的各项服务，如水源涵养和土壤保持。这种模式要求开发活动与生态保护同步进行，实现经济利益与生态利益的平衡。推动绿色技术和清洁生产，减少资源消耗和废物排放，也能有效支持可持续发展目标。通过这些管理模式，可以在最大化资源利用效益的同时保障生态环境的长期健康。

（四）公众参与与资源开发的社会支持

公众参与和社会支持在资源开发过程中发挥着重要作用，公众参与有助于提高资源开发决策的透明度和公平性。例如，开采项目启动前，可以通过公众咨询和听证会收集民众意见，了解他们对项目的看法和关切。这不仅能增强公众对开发项目的接受度，还能发现潜在问题并进行调整。社会支持可以通过建立多方合作机制来实现。政府、企业和非政府组织可以共同参与资源管理和保护活动，共享资源信息和最佳实践，推动社会各界共同关注资源可持续利用。公众教育和宣传也是必要的，通过提升公众对资源保护的认识和参与度，促进形成全社会支持资源开发与保护的良好氛围。通过这些方式，可以有效提升资源开发的社会认可度和支持力度，推动资源管理的长效机制。

资源开发的长效机制离不开完善的政策法规与管理制度、有效的监督与评估体系、可持续发展的管理模式以及积极的公众参与和社会支持，这些要素相互关联，构成了资源开发的全方位保障体系。通过制定明确的法律法规和管理制度，可以确保资源开发活动的合法性和透明度，规范企业行为并保障环境保护。建立独立的监督机构和科学的评估体系，有助于实时监控开发活动的环境影响，及时纠正不符合规范的行为。推行可持续发展的管理模式，则在满足当前需求的同时注重对未来资源和生态环境的保护，确保长远利益的实现。而公众参与和社会支持，则增强了资源开发的社会认可度和公平性，通过多方合作和宣传教育，推动全社会对资源可持续利用的共同关注。只有通过综合施策、协调配合，才能构建起一个有效、持久的资源开发与利用机制，实现经济发展与环境保护的双赢目标。

第四节 农村生态治理与环境保护

一、生态治理的理论与实践

生态治理作为现代环境管理的核心领域，致力于通过系统化的理论框架和实践策略，解决日益严重的环境问题。其基本理论框架不仅关注生态系统的复杂性和动态平衡，还强调人类活动对生态系统的深远影响。在这一理论基础上，生态治理倡导生态科学知识的融入，提出了生态补偿机制和环境评估制度等重要内容，旨在实现资源的可持续利用和生态环境的长期保护。各国根据自身的环境特点和发展阶段，采取了不同的治理策略，从中国的生态恢复项目到欧盟和美国的环境保护措施，无不显示出跨国合作、科学研究和政策执行的重要性。

（一）生态治理的基本理论框架

生态治理的基本理论框架建立在生态系统管理和可持续发展理论之上，核心理念包括生态系统的复杂性、动态平衡和人类活动对生态系统的影响。生态治理不仅关注单一环境问题，而是从系统层面综合考虑生物多样性、水资源、土壤保护等方面因素。生态治理强调生态系统的自我修复能力，并提倡在决策过程中融入生态科学知识。理论框架还包括制度设计和社会参与的重要性，通过法治和公民参与形成有效的治理体系。例如，生态补偿机制和环境评估制度是理论框架中的关键部分，旨在实现生态环境的长期保护和资源的可持续利用。

（二）国内外生态治理的实践经验

国内外生态治理实践经验丰富，各国采取了不同的策略来应对环境问题。[①]在中国，近年来实施了"绿水青山就是金山银山"的发展理念，推动了大规模的

---

① 许欢科，韦安.乡村振兴背景下数字技术赋能农村垃圾治理研究[J].无锡商业职业技术学院学报，2023,23(2):42-47.

生态恢复项目，如退耕还林还草、湿地保护和污染治理。通过这些措施，中国在治理空气污染和水体污染方面取得了显著进展。在国际上，欧盟的生态网络和美国的环境保护署项目均为有效的生态治理实践提供了宝贵经验。这些实践强调了跨国合作、生态监测和科学研究的重要性，通过制定和执行严格的环境标准，提升了生态系统的健康状况。例如，瑞典通过推广绿色税收政策和环境友好型技术，成功减少了温室气体排放。

（三）生态治理中的主要方法与工具

生态治理的主要方法和工具包括生态监测、环境影响评估和生态补偿等。生态监测通过数据收集和分析，实时跟踪生态系统的健康状态，为决策提供科学依据。环境影响评估在项目实施前评估其对环境的潜在影响，并提出减缓措施。生态补偿是对因环境保护措施造成的经济损失进行补偿，以激励更多的保护行动。这些工具的有效运用有助于确保治理措施的科学性和可行性。例如，在亚马孙雨林保护中，采用卫星遥感技术监测森林覆盖变化，及时发现非法砍伐活动，成为保护雨林的重要手段。

（四）生态治理实践中的挑战与应对策略

生态治理实践面临诸多挑战，包括资金不足、公众参与不足和政策执行力度不够。资金短缺往往限制了大规模生态恢复项目的实施，因此需要多渠道融资，如政府拨款、国际援助和社会投资。公众参与不足则影响了治理措施的实施效果，因此应加强环保意识教育和社区参与。政策执行力度不够问题可以通过加强监督和问责机制来应对。例如，在治理城市空气污染过程中，面对企业排放标准执行不力的问题，通过加强监管和提高罚款额度，能够有效促进企业合规。通过这些策略，能够在挑战中找到解决方案，提升生态治理的效果。

生态治理的理论与实践表明，通过科学的理论框架和有效的实践工具，可以在复杂的生态环境中实现可持续发展。生态治理的基本理论框架强调生态系统的综合管理和人类活动的调控，推动了包括生态补偿和环境影响评估在内的多种治理方法。在实践中,各国根据自身的环境条件采取了不同的策略和措施,如中国的大规模生态恢复项目和国际上的绿色政策。尽管生态治理面临诸如资金不足、公众参与不足和政策执行力度不够等挑战,但通过多渠道融资、加强环保教育和强化监管等应对策略,可以有效提升治理成效。这些经验和策略为未来的生态治理提供了宝贵的参考和借鉴,预示着生态保护和可持续发展的光明前景。

二、新质生产力对生态治理的促进作用

随着全球环境问题的日益严重,生态治理成为各国政府和社会的重要议题。为了应对复杂多变的环境挑战,传统的治理手段已逐渐显现出局限性。新质生产力的出现为生态治理提供了创新的解决方案。新质生产力,主要包括智能化技术、大数据与人工智能以及科技创新和资源优化等,极大地提升了生态治理的效率和效果。智能化技术通过实时监控和精准数据采集,改善了环境治理的精确度;大数据与人工智能则利用先进的分析和预测能力,提升了环境治理的科学性和前瞻性;新质生产力的整体提升还优化了资源配置和生产方式,促进了经济与环境的协调发展。下面将深入探讨新质生产力如何在生态治理中发挥作用,具体涵盖智能化技术的应用、大数据与人工智能的支持、生产力提升的效率以及对生态监测与评估的影响几个方面。

(一) 智能化技术在生态治理中的应用

智能化技术在生态治理中的应用日益广泛,其核心在于提升治理效率和精准度。智能化技术包括物联网、无人机、智能传感器和自动化系统等。这些技术可以实时监控环境数据,识别污染源并追踪其影响。例如,利用无人机进行环境监测,可以高效地覆盖大范围区域,收集空气质量、水体污染等数据。智能传感器可以部署在城市的关键区域,实时监测空气中的有害物质浓度,从而及时发现和应对污染事件。智能化技术的应用不仅提高了生态治理的精确度,也降低了人工成本和时间消耗。例如,北京市在应对空气污染问题时,借助智能化空气质量监测系统,可以实时获取全市各个区域的空气质量数据,及时发布预警信息,指导

公众采取必要的防护措施。

（二）大数据与人工智能对生态治理的支持

大数据与人工智能技术为生态治理提供了强有力的支持，通过数据分析和模式识别，提升了环境治理的科学性和预测能力。大数据技术可以整合来自多个源的数据，如气象数据、污染源数据、社会经济数据等，通过数据挖掘揭示环境问题的潜在规律和趋势。人工智能则利用机器学习算法分析这些数据，从中提取有价值的信息，预测未来环境变化。例如，通过分析历史气象数据和污染源数据，人工智能模型能够预测某地区未来的空气质量变化趋势，为决策者提供科学依据。大数据与人工智能的结合使得生态治理能够从传统的被动应对转向主动预警和管理，从而提高了应对环境问题的效率和效果。以智能化城市管理系统为例，通过对实时环境数据的分析，系统能够预测空气质量恶化的可能性，并自动调整相关控制措施。

（三）新质生产力提升治理效率

新质生产力的引入大幅提升了生态治理的效率，其核心在于科技创新和资源优化。新质生产力通过引入先进技术、改进生产方式和优化资源配置，减少了环境治理中的冗余和低效环节。例如，使用高效节能设备和技术改造传统生产过程，能够显著降低工业排放对环境的负面影响。新质生产力还推动了绿色技术的研发，如环保材料和清洁能源的应用，从源头减少环境污染。一个典型的例子是德国的"工业4.0"计划，通过数字化和智能化的生产模式，大幅降低了制造业对环境的影响，同时提升了资源的利用效率。新质生产力不仅提高了治理效果，还促进了经济与环境的协调发展。

（四）新质生产力对生态监测与评估的作用

新质生产力对生态监测与评估的作用体现在其提供了高效、精确和实时的数据支持。现代生态监测技术，如遥感技术和自动化监测系统，通过高分辨率的图像和实时数据采集，为生态评估提供了详细的信息。遥感技术可以监测大范围的生态变化，如森林覆盖率、水体污染情况等，并通过数据分析评估其对生态系统的影响。自动化监测系统则能够实时采集土壤、水质和空气质量等数据，为生态评估提供科学依据。例如，利用无人机进行森林监测，可以高效地评估森林健康状况，发现潜在的病虫害问题，从而及时采取措施进行干预。新质生产力的应用使得生态监测和评估变得更加全面和准确，有助于更好地指导生态治理行动，提高生态环境保护的整体效果。

新质生产力在生态治理中扮演了至关重要的角色，通过引入先进技术和创新手段，极大地提升了治理的效率和效果。智能化技术的应用，使得环境数据的监控和污染源的识别更加精准，减少了人工成本和时间消耗。大数据与人工智能则通过数据分析和模式识别，提高了环境治理的科学性和预测能力，实现了从被动应对到主动预警的转变。新质生产力的引入还推动了资源的优化配置和绿色技术的研发，降低了生产过程中的环境负担，促进了经济与环境的双赢。通过高效的生态监测技术，如遥感和自动化监测系统，新质生产力为生态评估提供了详细和准确的数据支持，有助于更加科学地指导生态治理行动。新质生产力不仅提升了生态治理的整体效果，也为未来的环境保护和可持续发展奠定了坚实的基础。

三、环境保护的实施路径

环境保护已成为全球关注的核心议题，其战略目标涵盖了可持续发展、生态平衡和生活质量的提升。通过科学规划和有效实施环境保护项目，可以显著改善自然环境和人类生活。下面将深入探讨环境保护的实施路径，包括战略目标与规划、项目实施步骤与方法、资源整合与协调，以及公众参与的实践。

（一）环境保护的战略目标与规划

环境保护的战略目标是实现可持续发展，维护生态平衡，提高生活质量。规划应以减少污染、节约资源、恢复生态为核心。具体而言，战略目标包括减排温室气体、保护生物多样性、治理水土污染等。制定长期环境保护规划，设定明确的阶段性目标，并配套实施细则。注重生态环境质量的监测与评估，及时调整策略以应对新挑战。例如，某地通过制订五年环保计划，集中力量治理主要污染源，取得了显著的改善效果。通过定期评估进展情况，确保每个阶段目标的实现，并为下一阶段的工作提供科学依据。

（二）环境保护项目的实施步骤与方法

环境保护项目的实施应包括前期调研、方案设计、项目执行与评估四个主要步骤。首先通过环境影响评估了解项目对生态环境的潜在影响。依据评估结果制订详细的实施方案，包括技术路线、资金预算、时间表等。项目执行过程中，应严格按照方案进行，并建立监督机制确保各项措施落到实处。例如，某城市在实施垃圾分类项目时，首先进行社区调研，制订分类指导方案，然后在全市范围内推行，并通过定期检查与反馈不断改进，最终显著提高了垃圾分类的参与率和效果。

（三）坏境保护中的资源整合与协调

资源整合与协调是实现高效环境保护的关键，各部门和组织应建立协调机制，共享信息和资源，避免重复建设和浪费。例如，地方政府、企业和环保组织可以联合开展环境保护行动，形成合力。通过资源整合，可以充分利用科技、资金和人力资源，提高项目实施的效率和效果。优化资源配置，推动绿色技术的应用和推广，将有助于实现坏保目标。某区域通过建立环保联席会议制度，各相关部门共享数据和资源，协调行动，从而在水质改善项目中取得了显著成效。

（四）公众参与与环境保护的实践

公众参与是环境保护的核心因素之一，通过增强公众意识、鼓励公众参与决策和实施，可以增强环境保护的效果。例如，开展环保宣传教育活动，举办社区环保讲座和志愿活动，使公众了解环境问题的重要性和自身的责任。政府可以通过设立投诉和反馈机制，听取公众的意见和建议，并将其纳入政策制定中。某地通过组织环保志愿者活动，广泛动员社区居民参与清理行动和环保宣传，取得了良好的社会效果，显著提升了当地居民的环保意识和行动能力。

环境保护的成功实施依赖于明确的战略目标和详细的规划,通过系统的项目执行步骤和有效的资源整合,能够显著提升环保效果。公众的积极参与也在提升环境保护成效中发挥了关键作用。未来,持续关注和优化这些实施路径,将为环境保护的最终目标—实现人与自然的和谐共生—提供强有力的支持。

四、农村生态治理的政策建议

农村生态治理是实现乡村可持续发展的关键环节,涉及政策、法律、财政和社会等层面。为有效推进农村生态治理,必须从完善政策框架、强化法律法规、推动财政支持和提升社会参与四个方面入手。通过制定科学合理的政策框架,确保法律法规的完善与严格执行,提供充足的财政与经济支持,并鼓励社会公众广泛参与,可以为农村生态环境的改善和可持续发展奠定坚实基础。下面将探讨这些政策建议及其具体实施措施,以期为农村生态治理提供有效的指导。

(一)完善生态治理的政策框架

完善农村生态治理的政策框架是推动可持续发展的基础,首先需制定明确的生态治理目标和实施路径,将生态保护纳入农村发展总体规划。政策框架应包括生态保护区的划定、生态补偿机制的建立以及农村环境监测体系的完善。优化政策配套,明确各级政府和相关部门的职责,建立纵向与横向协调机制。例如,某省通过制定综合生态治理规划,明确了土地使用、农业生产、环境保护等方面的政策,形成了系统性强的政策体系,推动了农村生态环境的显著改善。

(二)强化生态治理的法律法规

强化法律法规是保障农村生态治理有效性的关键,首先需修订和完善与生态保护相关的法律法规,确保其覆盖面广、执行力度强。其重点包括土地管理法、水资源保护法、森林法等,并制定具体的实施细则。加大执法力度,对违法行为严厉查处,确保法律法规得到有效执行。例如,某地通过修订"农村环境保护和治理条例",增加了对非法排污、破坏森林等行为的处罚力度,并建立了专门的执法队伍,显著提升了法律的威慑力和执行效果。

（三）推动生态治理的财政与经济支持

财政与经济支持是推动生态治理的关键保障，国家和地方政府应设立专门的生态治理基金，用于支持农村环境改善项目和技术创新。鼓励社会资本和企业投资生态治理，形成多元化的资金来源。通过提供税收优惠、补贴政策等激励措施，推动绿色投资。例如，某地区通过设立"绿色发展基金"，支持了多个生态修复项目，同时出台税收减免政策，吸引企业参与生态建设，最终取得了良好的经济和环境效益。

（四）提升生态治理的社会参与和监督机制

社会参与和监督机制对于生态治理的成功至关重要，能提升公众对生态保护的认识，通过宣传教育活动，增强其参与意识。建立社会监督机制，如设立环保志愿者组织和公众投诉平台，确保生态治理过程的透明和公正。政府应定期公布生态治理进展，接受公众监督。例如，某地通过创建"生态环境监督员"制度，鼓励居民参与环境保护行动，并设置举报奖励机制，有效促进了社会对生态治理的广泛参与和监督。

农村生态治理的成功不仅依赖于全面完善的政策框架和严格的法律法规，还需要财政与经济支持的保障和社会公众的积极参与。通过制定明确的生态治理目标、修订相关法律法规、设立专门的生态治理基金，以及鼓励社会监督和公众参与，可以全面提升农村生态环境的治理效果。未来，需继续优化这些措施，确保政策与实际需求相匹配，以推动农村生态环境的持续改善，实现人与自然的和谐共生。

第五章　新质生产力对农村人力资源发展的影响

第一节　农村人口结构的变化与人才需求

一、农村人口结构的变化趋势

随着社会的不断发展和经济结构的调整，农村人口结构正在经历深刻的变化。这些变化主要表现为人口老龄化的加剧、青壮年人口的流失、人口迁移对劳动力市场的影响以及人口结构变化对社会服务需求的影响。老龄化现象在农村地区日益突出，青壮年劳动力外流严重影响了农村经济的活力，人口迁移带来的技能和资本并未充分融入本地经济，进一步加剧了农村社会服务的压力。了解这些变化趋势对于制定有效的政策、促进农村的可持续发展具有重要意义。

（一）人口老龄化的现状与趋势

人口老龄化是农村地区面临的重大挑战之一，随着生育率的降低和预期寿命的延长，农村老年人口比例将不断上升。根据最新统计数据，某些农村地区 60 岁及以上的老年人已占总人口的 30% 以上。老龄化的主要原因包括年轻人口外流、农村医疗条件改善导致的寿命延长等。未来，老龄化趋势可能会进一步加剧，对农村人力资源结构产生深远影响。以某县为例，该地的老龄化程度逐年上升，导致农村劳动力短缺，进而影响了农业生产和社区服务的稳定性。因此，需重点关注老年人的生活保障、医疗照护和社区服务等方面的需求，以应对人口老龄化带来的挑战。

（二）农村青壮年人口的流失情况

农村青壮年人口的流失是影响农村发展的关键因素，由于就业机会匮乏和收入水平低，越来越多的青壮年选择外出务工或迁移至城市寻找更好的发展机会。这种流失不仅造成了劳动力的短缺，也导致了农村经济活力的下降。数据显示，某省的青壮年人口外流比例达到了20%，这直接影响了农业生产的效率和农村社会的稳定。青壮年流失的主要原因还包括教育资源不足和基础设施建设滞后。为应对这一问题，农村地区需加大对青壮年群体的吸引力，如改善就业条件、提供创业支持、提升生活质量等措施，吸引和留住人才。

（三）人口迁移对农村劳动力的影响

人口迁移对农村劳动力市场产生了深远的影响，外出务工的农民工带回了城市的技能和经验，但也带来了农村劳动力的流失和结构性失衡。[1] 一方面，农村劳动力不足，尤其是在农业和基层服务领域；另一方面，迁移带回的技能和资本有时未能有效融入本地经济，导致农村经济发展受限。以某县为例，尽管外出务工人员的收入有所增加，但他们回乡创业的比例较低，导致农村技术水平和生产方式未能有效升级。政策应关注如何促进迁移人口的技能转化与回流，推动农村劳动力市场的优化。

（四）人口结构变化对社会服务需求的影响

人口结构的变化直接影响了社会服务的需求，老龄化加剧和青壮年流失使得农村对养老、医疗、教育等社会服务的需求显著增加。老年人对医疗照护、老年活动中心和社区支持服务的需求提升，而青壮年外流则对教育资源和青少年活动需求产生压力。以某地为例，随着老年人口比例的上升，当地对老年护理服务的需求剧增，但相关服务设施和专业人员却严重不足。为应对这种需求变化，政府和社会组织需要加强对农村社会服务体系的建设和资源配置，以提高服务的覆盖率和质量，满足不断变化的人口需求。

---

[1] 潘匀艳.乡村振兴视阈下农村电商发展策略研究[J].商场现代化,2023(12):25-27.

农村人口结构的变化正对农村地区的社会和经济产生深远的影响,老龄化问题带来了对养老和医疗服务的急剧需求,而青壮年人口的流失则削弱了农村的劳动力资源和经济活力。人口迁移虽带来一些城市化的技能和经验,但也导致了农村劳动力市场的结构性失衡。面对这些挑战,必须采取措施改善农村的就业条件、社会服务体系以及吸引和留住人才,以应对不断变化的人口结构对农村发展的影响。

二、新质生产力对人才需求的影响

新质生产力的提升正在深刻改变各个领域的人才需求,随着信息技术、人工智能和绿色能源等新兴产业的兴起,企业对技能和学历的要求日益提高,这不仅推动了对技术型人才的需求,也重塑了传统职业的工作内容。创新型人才的要求也在提高,农村职业教育面临新的挑战和机遇。因此,了解新质生产力对人才需求的影响,有助于更好地适应和应对未来的发展趋势。

(一)新兴产业对技能与学历的需求

新兴产业的迅猛发展正在改变社会对人才的技能和学历要求,随着信息技术、人工智能、绿色能源等领域的兴起,企业对技术型人才的需求不断提高。例如,人工智能领域的企业对数据科学家和机器学习工程师的需求大幅增加,这些职位通常要求较高的学历背景和专业技能。绿色能源行业的兴起也推动了对新能源工程师、环保技术员等专业人才的需求。这些新兴产业对技能的要求不仅包括技术性知识,还涉及跨学科的综合能力,如数据分析、编程、系统设计等。以某城市的新能源公司为例,该公司对具有硕士以上学历的工程师需求量大,且要求具备一定的项目管理经验和技术创新能力。为了适应这些需求,高等教育和职业培训机构必须与时俱进,提供针对性强的课程和培训,培养符合新兴产业需求的高素质人才。

(二)技术进步对传统职业的替代与重塑

技术进步正在显著影响传统职业的结构和需求。一方面,自动化和数字化技术的普及正在替代某些传统职业，如减少了工厂流水线工人和数据录入员这些岗位的需求。另一方面，技术进步也在重塑传统职业的工作内容，提高了对相关技能的要求。例如，传统的机械工人现在需要掌握编程和操作自动化设备的技能。以制造业为例，许多工厂已经引入了机器人和自动化系统，这要求工人不仅能操作机器，还要能进行机器的维护和故障排除。传统职业的技术培训也必须跟上技术发展的步伐，以帮助从业者适应新的工作要求。技术进步带来的替代和重塑趋势，促使传统职业不断演变，带来新的职业机会和挑战。

（三）新质生产力对创新型人才的要求

新质生产力的提升对创新型人才提出了更高的要求，现代经济的发展不仅依赖于技术的进步，还需要具备创造性思维和创新能力的人才。创新型人才需要具备较强的跨学科知识背景、问题解决能力和创业精神。例如，科技领域的创业公司常常需要具备独特视角和开创性解决方案的人才，这些人才不仅要精通某一领域的技术，还要能在多学科之间建立联系，推动跨界创新。以某科技创业公司为例，该公司在研发新产品时，需要团队成员不仅具备深厚的技术背景，还需具备市场洞察力和产品设计能力，这种综合素质对创新型人才的需求尤为突出。因此，培养创新型人才需要在教育和培训中注重多学科融合、实践经验积累和创新能力的提升。

（四）生产力提升对农村职业教育的影响

生产力的提升对农村职业教育提出了新的挑战和机遇，随着农业现代化和农村经济的多样化，农村对技能型人才的需求逐渐增加，传统的职业教育模式已难以满足新的要求。例如，现代农业需要具备先进技术操作、数据分析和管理能力的人才，而这些能力往往未能在传统的农村职业教育中得到充分培养。以某乡镇的农业合作社为例，该合作社对拥有现代农业技术和管理经验的员工需求迫切，但本地的职业教育机构却缺乏相应的课程和设施。为适应生产力的提升，农村职业教育需要进行改革，增加与现代农业和新兴产业相关的课程，引入实际操作和技术培训，提升教育质量，以培养出符合新质生产力需求的高素质技能人才。

新质生产力的发展显著影响了对人才的需求，促使企业对技能和学历的要求不断提高。新兴产业对专业人才的需求增加，技术进步对传统职业的替代和重塑，以及对创新型人才的更高要求，都是值得关注的变化。生产力提升也对农村职业教育提出了新的要求，呼吁教育体系进行必要的改革和调整。通过适应这些变化，可以有效培养出符合未来需求的高素质人才。

三、人才流动与农村发展的关系

在现代社会的快速发展中，人才流动成了推动经济和社会变革的重要因素。特别是在农村地区，人才流动不仅影响着经济增长，还对社区建设产生了深远的影响。农村人才流动表现为多种模式，包括城乡流动、城乡返流和区域间流动，每种模式背后都隐含着不同的动因与影响。城市化进程的推进、城市对高技能人才的需求，以及农村自身的挑战，共同促成了这些流动现象。这些流动对农村经济增长具有双重性，既有可能带走宝贵的技能和经验，也可能通过返乡创业等方式促进农村经济的创新和升级。人才流失对农村社区建设的影响也不容忽视，包括对公共服务水平的影响、社区活力的降低以及基础设施建设的滞后。为了有效吸引和留住人才，农村地区需要通过政策支持、生活条件改善以及职业发展机会的提升，采取综合措施。这些策略不仅有助于缓解人才流失带来的负面影响，还能促进农村经济的可持续发展。

（一）农村人才流动的主要模式与原因

农村人才流动主要表现为三种模式，首先是"城乡流动"，即农村人才向城市流动，这种模式较为普遍，主要是由于城市提供了更多的就业机会和更高的生活水平。其次是"城乡返流"，指的是一些在城市工作一段时间后，选择返回农村从事创业或投资活动的人才。最后是"区域间流动"，指农村人才在不同农村地区之间流动，这通常是为了寻找更好的发展机会或适应家庭需要。造成这些流动的原因有多方面：城市化进程加快，城市对高技能人才的需求增加，导致农村劳动力流向城市；农村自身发展机会和薪酬水平相对较低，使得许多农村人才选择离开；城市的教育、医疗等基础设施较为完善，也吸引了大量农村人才向城市迁移。例如，许多农村青年为了获得更好的职业前景和生活条件，选择到大城市工作，而一些在城市打拼多年的专业人士则选择回到家乡创业，带动本地经济的发展。

（二）人才流动对农村经济增长的作用

人才流动对农村经济增长的影响具有双重性。一方面，外流的人才带走了宝贵的技能和经验，导致农村地区的劳动力资源不足，可能抑制了农村经济的快速发展。大量年轻人离开农村，可能使得农业生产和农村企业的运营受到影响，降低了经济活力。另一方面，城乡流动中的一些返乡创业者和投资者，将他们在城市积累的经验和资本带回农村，促进了农村经济的创新和升级。例如，某些城市回流的创业者在农村创办了现代农业合作社或电商平台，不仅推动了本地经济的发展，也提供了新的就业机会。总体来说，人才流动的影响取决于流动的方向和质量，合理引导人才流动，可以充分发挥其对农村经济增长的正面作用。

（三）人才流失对农村社区建设的影响

人才流失对农村社区建设产生了深远的影响。人才的流失导致农村社区缺乏技术人才和管理人才，使得社区发展项目难以实施，公共服务水平难以提升。例如，许多农村地区由于缺乏专业的医疗人员和教育工作者，公共服务质量较低，社区居民的生活水平受到影响。农村人才流失还可能导致社区的社会活力降低。缺乏年轻人的参与，社区活动和文化建设受到制约，可能使社区的凝聚力和活力下降。人才流失还可能造成农村基础设施建设缓慢，无法有效应对人口老龄化和社会需求的变化。例如，某些乡村由于缺乏工程技术人才，基础设施建设滞后，影响了居民的生活质量和社区的长远发展。

（四）吸引和留住人才的策略与措施

吸引和留住农村人才需要综合施策，包括政策支持、生活条件改善和发展机会的提供。政府应出台优惠政策，如税收减免、创业补贴等，激励人才回流和创业。改善农村的基础设施和生活条件是吸引人才的重要手段。建设现代化的住房、提供优质的教育和医疗服务，可以提高农村的生活吸引力。增加农村的职业发展机会也是关键措施之一，如通过建立职业培训中心和提供职业晋升机会，增加人才在农村发展的信心。例如，某地政府设立了返乡创业基金，支持回流人才在农村开办企业，同时改善了当地的教育和医疗设施，这些措施有效地吸引了人才回流并促进了农村经济的增长。

农村人才流动的现象呈现出多样化的模式，其中城乡流动、城乡返流和区域间流动各具特点。城市化进程和城市对高技能人才的需求是促成人才流动的主要原因，而这些流动对农村经济和社区建设的影响则呈现出复杂的双重性。一方面，人才的外流可能导致农村劳动力资源的不足和经济活力的下降；另一方面，返乡创业者和投资者带来的经验和资本则有助于促进农村经济的创新和升级。人才流失对农村社区建设的影响同样显著，包括公共服务水平的下降、社区活力的降低以及基础设施建设的滞后。为了有效应对这些挑战，农村地区需要通过政策支持、改善生活条件以及提供职业发展机会等综合措施来吸引和留住人才。这些策略将有助于增强农村对人才的吸引力，推动农村经济的可持续发展，并提升农村社区的整体发展水平。

四、人口与经济发展的协调发展

在现代社会中，人口政策与经济发展战略的协调已成为实现可持续发展的关键。随着全球人口结构的变化，特别是人口老龄化和出生率的变化，各国面临着如何在不断变化的人口结构下优化经济结构和推动经济增长的挑战。人口老龄化对劳动力市场、社会保障体系以及消费模式产生了深远的影响，而人口年轻化则带来了新的经济增长机会和创新潜力。因此，制定与经济发展战略紧密对接的人口政策，不仅有助于缓解劳动力不足的问题，还能促进经济结构的优化和社会的全面进步。

(一) 人口政策与经济发展战略的对接

在制定人口政策时,需与经济发展战略紧密对接,以实现可持续的社会经济发展。例如,针对人口老龄化的问题,可以鼓励老年人参与劳动市场来缓解劳动力不足。政策可以鼓励生育,提供育儿补贴和税收优惠,以支持年轻家庭。推动科技创新和自动化,提升生产力,以应对人口减少带来的挑战。例如,德国实施了积极的移民政策,以弥补劳动力缺口,这与其经济发展战略中的创新驱动和高技术产业发展目标相一致。

(二) 人口结构调整对经济结构优化的影响

人口结构的调整对经济结构的优化具有深远影响。一方面,老龄化社会往往需要更多的医疗保健和养老服务,推动健康产业和养老产业的快速发展。例如,日本的高龄化问题促使其加快了养老产业的发展,提供了大量相关服务和产品。另一方面,年轻人口的增加可以推动消费市场的扩展和技术创新,加快经济结构的转型。

(三) 人力资源开发与农村经济增长的关系

人力资源的开发对于农村经济增长至关重要,通过职业技能培训和教育,提升农村劳动力的技能水平,可以促进农业现代化和农村产业的多样化。例如,中国通过"精准扶贫"政策,提供职业技能培训和创业支持,帮助农民转型为小企业主和技术工人,从而促进了农村经济的增长。农业技术的推广和农村电商的发展,使得农村经济在现代化的道路上取得了显著进展。

(四) 促进人口与经济协调发展的政策建议

为实现人口与经济的协调发展,建议采取多种政策措施。首先,制定综合的人口与经济发展规划,确保政策的协调性。其次,实施灵活的劳动市场政策,支持老年人和年轻人参与经济活动。再次,加强教育和培训,提升劳动者的技能水平,特别是在新兴产业和高技术领域。最后,优化社会保障体系,保障不同年龄群体的基本生活需求，减轻人口结构变化对经济的冲击。例如，瑞典通过综合性社会政策，实现了人口和经济的良性互动，成功应对了人口老龄化带来的挑战。

人口与经济的协调发展依赖于综合而有效的政策措施，制定与经济发展战略紧密对接的综合性人口政策，可以应对人口老龄化带来的挑战，并支持年轻家庭和老年人的经济参与。调整人口结构对经济结构的优化具有显著影响，需推动健康产业、养老产业的发展，并利用年轻人口的消费和创新潜力。人力资源开发在农村经济增长中发挥着格外重要作用，通过提升农村劳动力的技能水平，促进农业现代化和农村产业多样化。实施灵活的劳动市场政策、加强教育培训、优化社会保障体系等措施，有助于实现人口与经济的良性互动。通过借鉴瑞典等国家的成功经验，各国可以在应对人口挑战的同时实现经济的持续增长和社会的全面进步。

第二节 农村教育与人力资源开发

一、农村教育的现状与挑战

农村教育是社会公平和经济发展的基石，但目前其面临的挑战严峻且复杂。中国农村教育资源分布不均，教育基础设施落后，师资力量薄弱，同时教育公平性不足，这些问题严重影响了农村学生的教育质量和发展机会。尽管政府在这方面已投入大量资金，但仍须针对这些具体问题采取有效措施，以实现教育资源的公平分配和质量提升，确保每个农村学生都能获得良好的教育。

（一）农村教育资源的分布与现状

农村教育资源的分布不均，导致教育机会和质量的差异。在我国，尽管政府已投入大量资金用于农村教育，但资源分配仍存在显著差距。一方面，一些发达地区的农村学校具备较好的教学设施和师资力量；而另一方面，偏远和贫困地区的学校却面临设备陈旧、教材匮乏的问题。例如，西部某些贫困地区的学校不仅缺乏现代化教学设备，还难以获得优质的学习资源。

（二）农村教育基础设施的不足

农村教育基础设施的不足是影响教育质量的重要因素。许多农村学校面临教学楼老旧、教室拥挤、卫生条件差等问题。例如，在一些边远山区，学校的教室设施陈旧，缺乏必要的教学设备和安全设施，这不仅影响了学生的学习体验，还存在一定的安全隐患。

（三）师资力量的缺乏与培训需求

农村地区的师资力量相对不足，且教师培训需求较高。由于地理位置偏远和生活条件艰苦，农村学校常常难以吸引和留住优秀教师，导致教学质量受限。例如，一些农村教师缺乏系统的教学培训和职业发展机会，影响了他们的教学能力和专业水平。为解决这一问题，政府应推动农村教师的培训计划，提供更多的进修机会和专业发展支持。通过引入优秀教师和志愿者，开展交流合作项目，提升农村教师的教学水平和职业满足感，从而提高整体教育质量。

（四）教育公平性与教育质量的提升

实现教育公平性和提高教育质量是解决农村教育问题的核心，农村教育公平性面临诸多挑战，包括教育资源分配不均、教育机会有限等问题。为了提高教育质量，政府需要采取有效的措施来缩小城乡教育差距。[1]例如，实施"教育扶贫"政策，通过提供奖学金、补贴和优质教育资源，帮助贫困家庭的学生接受更好的教育。应加强对农村教育质量的监督和评估，以确保教育改革措施的有效性和公平性。通过多方合作和政策支持，逐步提高农村教育的整体水平，使每个农村学生都能享有公平而优质的教育机会。

解决农村教育面临的挑战需要多方面的努力，首先要优化教育资源的分配，特别是加大对贫困地区的支持力度，缩小城乡教育差距。必须改善教育基础设施，

---

[1] 陈文琼，杨青. 乡村振兴背景下农村思想政治工作研究［J］. 传承，2023（2）：68-74.

提升学校的教学条件和环境，保障学生的安全与健康。提升师资力量的质量和数量至关重要，需通过系统的培训和引入优秀教师来提高教学水平。推动教育公平性和质量的提升，需通过政策支持和监督评估来确保教育改革的效果。通过综合施策和多方协作，可以逐步实现农村教育的全面进步和社会的公平发展。

二、新质生产力在教育中的应用

随着科技的发展，信息技术在教育领域的应用逐渐得到重视，尤其是在农村教育中。信息技术不仅为教育资源的共享和传播提供了新的途径，也为教学模式和管理方法的创新提供了支持。近年来，政府和非政府组织相继启动了一些项目，旨在改善农村教育的技术条件，提高教育质量。然而，尽管取得了一定的进展，农村教育中的信息技术应用仍面临诸多挑战。智能化教学工具、数据驱动的教育管理、新型教学模式等新兴技术和方法，正在逐步进入农村学校，为教育的改善带来了新的机遇和挑战。下面将探讨信息技术在农村教育中的应用现状，分析智能化教学工具与资源的引入，评估数据驱动的教育管理与评估，以及探索新型教学模式与方法的实施情况，旨在提供对农村教育技术应用现状的全面了解，并提出进一步发展的建议。

（一）信息技术在农村教育中的应用现状

信息技术在农村教育中的应用逐渐展开，但仍存在显著差距。近年来，政府和非政府组织推动了多个信息技术进农村教育的项目，比如"宽带进村"和"互联网+教育"计划，这些项目为农村学校提供了基本的网络设施和设备。然而，在实际应用中，一些偏远地区由于网络基础设施不足、设备老化以及技术维护困难，信息技术的应用效果受限。例如，某些学校虽然获得了计算机和互联网接入，但由于缺乏技术支持和教师培训，信息技术的实际应用仍未达到预期效果。解决这些问题需要进一步完善网络基础设施，加大对教师的信息技术培训力度，并加强技术支持和维护服务，以充分发挥信息技术在提升教育质量方面的潜力。

(二) 智能化教学工具与资源的引入

智能化教学工具的引入正在逐步改变农村教育的面貌,这些工具包括智能白板、教育机器人、在线学习平台等,它们可以提供个性化的学习体验和互动教学。例如,某些农村学校通过引入智能白板和教育软件,能够实现多媒体教学和互动课堂,提高了学生的学习兴趣和参与度。然而,智能化工具的普及仍面临挑战,包括设备成本高、维护困难以及教师技术水平参差不齐等问题。为了有效推进智能化教学,政府和教育部门需要提供更多的财政支持和技术培训,确保这些工具能够被广泛应用,并真正提高农村教育的质量。

(三) 数据驱动的教育管理与评估

数据驱动的教育管理与评估在提高教育质量和管理效率方面展现了巨大潜力,通过收集和分析学生的学习数据、课堂表现以及考试成绩,教育管理者能够更准确地评估教育效果和学生需求。例如,某些农村学校通过使用数据分析平台,能够实时监测学生的学习进度和问题,及时调整教学策略和资源分配。然而,数据驱动管理的实施还面临数据收集不全、隐私保护问题和技术应用水平差异等挑战。为推动数据驱动的教育管理,需建立完善的数据管理系统,加强数据安全保障,并提升教育工作者的数据分析能力,从而实现科学化的教育决策和评估。

(四) 新型教学模式与方法的探索

新型教学模式和方法的探索为农村教育带来了新的机遇,如翻转课堂和混合式学习等模式通过将传统教学与在线学习相结合,提高了教学灵活性和效率。在翻转课堂中,学生在家通过视频和在线材料自主学习新知识,课堂时间则用于解决疑难问题和进行互动讨论。例如,一些农村学校尝试了翻转课堂的模式,发现学生的参与度和学习成绩显著提升。然而,这些新型教学方法的推广也面临技术支持不足和教师适应性问题。为了进一步探索和推广这些教学模式,需要通过系统的培训和支持政策,帮助教师掌握新型教学方法,并提供相应的技术和资源支持,确保新型教学模式的有效实施。

信息技术的引入正在为农村教育带来深刻的变革，但当前的应用现状仍然面临许多困难和挑战。尽管政府和相关组织已采取了一系列措施改善网络基础设施和设备配置，但由于偏远地区的技术支持不足、设备维护困难以及教师培训的欠缺，信息技术的应用效果未能完全实现其潜力。智能化教学工具如智能白板和教育机器人，虽然在提升教学互动和学生参与度方面发挥了积极作用，但依然存在高成本和技术水平不均等问题。数据驱动的教育管理能够为教育决策提供更为科学的依据，但数据收集和隐私保护问题仍需进一步解决。新型教学模式（如翻转课堂和混合式学习）在提高教学效果和灵活性方面表现出色。为了更好地推动信息技术在农村教育中的应用，需要加强网络基础设施建设，增加财政和技术支持，提供系统的教师培训，保障数据安全，确保新型教学模式的有效实施。通过这些努力，农村教育的质量和公平性有望得到显著提升。

三、农村人力资源的开发与培养

在推进乡村振兴战略的背景下，农村人力资源的开发与培养成为提升农村经济活力和农民收入的重要途径。职业技能培训与继续教育、职业导向与需求分析、企业与教育机构的合作模式，以及创业教育与农村经济发展的结合，均在这一进程中发挥着关键作用。尽管已有诸多努力和成效，但仍面临资源不足、需求对接不精确等挑战。为实现农村人力资源的优化配置，必须深入探讨这些领域，并采取有效措施以应对现存问题，确保培训与教育能真正服务于农村经济的发展。

（一）职业技能培训与继续教育的现状

职业技能培训和继续教育在农村人力资源开发中扮演着至关重要的角色，近年来政府和各类组织推出了多项职业技能培训项目，旨在提升农民的就业能力和收入水平。例如，国家开展了"农村劳动力技能培训工程"，通过设置农业技术、家政服务、机械操作等课程，帮助农民掌握实用技能。然而，职业技能培训的覆盖面和实际效果仍存在不足。许多偏远地区的培训资源不足，培训内容更新不及时，导致农民难以获得市场所需的新技能。为改善这一现状，建议加强对培训机构的管理与评估,增加对边远地区培训的支持,确保培训内容与市场需求接轨,并注重培训后的跟踪服务,以提升培训效果。

(二) 农村劳动力的职业导向与需求分析

农村劳动力的职业导向与需求分析是制定有效培训和就业政策的基础。目前农村劳动力的职业导向主要集中在传统农业和低技术含量的工种中,导致部分农民难以适应经济结构转型带来的新职业需求。根据调查,随着乡村振兴战略的推进,农村地区对现代农业技术、乡村旅游服务和电商运营等新兴职业的需求逐渐增加。例如,某些地区的农民开始转向电子商务,利用互联网平台销售本地特产。然而,由于信息不对称和技能不足,农民在转型过程中面临诸多困难。为了更好地匹配职业需求,应加强对农村劳动力市场的研究,及时调整职业培训内容,并提供职业规划和就业指导服务,帮助农民适应新的就业趋势。

(三) 企业与教育机构的合作模式

企业与教育机构的合作模式在农村人力资源开发中发挥了重要作用。通过企业和教育机构的合作,可以实现资源共享和优势互补。例如,某些企业与职业学校合作,开展定制化培训课程,直接针对企业需求培养技能人才。这种合作模式不仅提升了培训的针对性,也帮助企业解决了人才短缺的问题。企业还可以通过参与课程设计和实践教学,提高教育质量和实践效果。然而,这种合作模式也面临挑战,如企业与教育机构的需求对接不够精准、合作机制不完善等。为推动合作模式的有效实施,建议建立多方参与的合作平台,明确合作目标和职责,优化合作流程,确保教育培训与市场需求的紧密对接。

(四) 创业教育与农村经济发展的结合

创业教育与农村经济发展的结合是推动农村经济转型升级的重要途径。近年来创业教育逐渐成为农村人力资源开发的重要组成部分,通过提供创业知识、技能培训和资源支持,激发农民的创业热情和创新能力。例如,某些农村地区开展了"创业指导与支持计划",帮助农民掌握创业技能,提供创业资金和市场信息支持。这些举措不仅提升了农民的创业能力，也推动了地方经济的发展。然而，创业教育的效果还受到资金、市场条件和创业环境等因素的影响。为提高创业教育的实际效果，建议整合社会资源，建立创业孵化基地和支持平台，提供系统的创业培训和后续服务，以促进创业项目的成功落地和农村经济的可持续发展。

农村人力资源的开发与培养是促进农村经济增长和农民生活改善的核心环节，当前职业技能培训和继续教育在提升农民就业能力方面取得了一定进展，但仍需在覆盖面和效果方面进行改进。职业导向与需求分析则显示了新兴职业需求的增长，强调了培训内容的适应性和针对性。企业与教育机构的合作模式展示了资源共享的优势，但也需要进一步优化合作机制。创业教育的结合为农村经济注入了创新活力，然而成功的创业教育依赖于完善的支持系统。通过加强培训资源配置、精准对接市场需求、优化合作模式，并提升创业支持，能够有效推动农村人力资源的全面发展和经济转型。

四、教育与人力资源的互动机制

在当今快速变化的社会中，教育与人力资源开发的互动机制日益受到重视。教育政策对人力资源开发的支持、对教育内容的反馈机制、教育体系与就业市场的对接，以及促进教育与人力资源开发的协同机制，都是实现教育成果与市场需求对接的关键因素。随着技术进步和市场需求的不断变化，教育与人力资源的紧密结合显得尤为重要。为了培养出更符合实际需求的高素质人才，需要不断调整教育政策、优化课程设置，并推动各方协同合作。下面将探讨这些互动机制如何在实际操作中发挥作用，并分析其面临的挑战与机遇。

（一）教育政策对人力资源开发的支持

教育政策在推动人力资源开发中发挥着重要作用，特别是在提升教育质量和培养适应市场需求的技能人才方面。近年来，政府出台了一系列政策来促进教育与人力资源开发的紧密结合。例如，"全民技能提升工程"旨在通过提供免费或低成本的职业培训课程，帮助各类人员提升技能，增强其就业能力。政策还鼓励企业与职业学校合作，开发符合行业标准的培训课程。教育政策还对农村和贫困地区实施了特殊支持计划，如"农村教师培训计划"，以提高教育质量和拓展教育资源。这些政策不仅提升了教育系统的能力，也为人力资源开发提供了强有力的支持。然而，要实现更大的成效，需不断评估政策执行的效果，并根据市场变化及时调整政策措施，以确保教育能够有效支持人力资源的发展。

（二）人力资源需求对教育内容的反馈

人力资源需求对教育内容的反馈是教育改革的重要依据，当前教育内容和课程设置需要根据市场需求进行不断调整，以培养符合行业标准的高素质人才。例如，随着信息技术的迅猛发展，许多企业对数据分析、人工智能等领域的专业人才需求激增，因此教育机构开始增加相关课程和实训环节。类似地，医疗健康行业的快速发展也促使医学专业课程不断更新，增加新的研究和技术培训内容。然而，反馈机制的有效运作依赖于教育机构与企业的紧密沟通及市场调研的及时性。通过建立定期的需求调查和反馈机制，教育内容能够快速响应市场需求的变化，从而培养出更符合实际需求的人才。

（三）教育体系与就业市场的对接

教育体系与就业市场的对接是实现教育成果转化为实际就业能力的关键环节。近年来，为了缩短教育与就业之间的距离，许多高等院校和职业学校开展了与企业合作的实习和实训项目。例如，某些大学与本地企业合作，开展实习基地建设，使学生能够在实际工作环境中积累经验，提升就业能力。政府也推动了"校企合作培养计划"，通过企业参与课程设计和教学，确保教育内容与行业标准对接。然而，教育体系与就业市场的对接仍面临一些挑战，如课程设置滞后、职业技能与市场需求不匹配等。为有效解决这些问题，应加强教育部门与企业的合作，建立反馈机制，及时调整教育内容，并注重学生的职业素养培养，以提高毕业生的就业竞争力。

（四）促进教育与人力资源开发的协同机制

促进教育与人力资源开发的协同机制是实现教育成果与市场需求对接的有效

方式，为此建立多方参与的协同平台至关重要。例如，一些地方政府和行业协会合作，成立了教育与人力资源开发的协调委员会，定期讨论和解决教育与市场需求之间的矛盾。此类委员会不仅促进了政策制定的科学性，也帮助教育机构和企业更好地对接需求。部分地区还推出了"产教融合"试点项目，将企业的实际需求与教育课程的设计相结合，推动教育改革和人才培养模式创新。协同机制的实施需要各方的积极配合与支持，包括政府、企业、教育机构和社会组织的共同努力。通过建立高效的协同机制，可以确保教育和人力资源开发能够共同促进社会经济的发展，培养出更符合市场需求的高素质人才。

教育与人力资源的互动机制在现代社会中起着至关重要的作用，教育政策对人力资源开发的支持，通过提升教育质量和技能培训，为劳动力市场提供了强有力的支撑。而人力资源需求的反馈机制则促使教育内容不断调整，以满足市场变化带来的需求。通过加强教育体系与就业市场的对接，尤其是通过实习和实训项目，可以有效提高毕业生的就业能力。然而，教育与人力资源开发的协同机制仍然面临不少挑战，如课程设置滞后和市场需求不匹配等问题。为了克服这些挑战，通过建立高效的协同平台，推动教育和人力资源开发的深度融合。只有这样，才能更好地培养出符合市场需求的高素质人才，推动社会经济的持续发展。

第三节 农村劳动力市场的变革

一、农村劳动力市场的现状与问题

随着经济的不断发展和城镇化进程的推进，农村劳动力市场正经历着深刻的变革。当前，农村劳动力市场面临着总量分布不均、供需失衡、流动性与就业不稳定以及工资待遇不公等一系列问题。理解这些问题的现状和表现，对于制定有效的政策措施、推动农村劳动力市场的健康发展具有重要意义。下面将详细探讨这些问题及其具体表现，并提出相应的解决方案，以期为促进农村劳动力市场的优化提供参考。

（一）农村劳动力的总量与分布现状

农村劳动力市场的总量与分布现状显示出显著的地域差异与人口结构问题。根据统计数据，中国的农村劳动力总量已达到约2亿人，其中大多数集中在中西部地区，而东部沿海地区的农村劳动力相对较少。这一现象部分源于经济发展的不平衡，东部地区的工业化和城市化水平较高，吸引了大量农村劳动力向城市迁移。农村劳动力的年龄结构也存在问题，年轻劳动力流失严重，老年劳动力比例逐渐上升。这种不平衡的劳动力分布不仅影响了农村经济的发展，还拉大了城乡之间的经济差距。例如，东北地区的老龄化问题尤为突出，导致农田管理和农业生产面临困难，而南方一些农业发达的省份，尽管劳动力相对充足，但由于工作机会不足，仍然面临农村经济低迷的困境。

（二）劳动力市场供需不平衡的主要表现

农村劳动力市场的供需不平衡表现为劳动力供给过剩与需求不足的矛盾。一方面，农村地区劳动力资源丰富，但由于产业结构单一，无法提供足够的就业机会。许多农村劳动力从事的仍然是传统农业，收入水平低，工作条件差。另一方面，随着城镇化进程的推进，城市对高技能劳动力的需求日益增加，但农村地区的技能培训和职业教育资源相对匮乏，导致许多农村劳动力难以适应城市的就业要求。例如，很多年轻人因缺乏现代技术技能，无法在城市找到合适的工作，造成了农村劳动力过剩的现象。城市和乡村之间的劳动力供需矛盾，进一步拉大了农村经济发展的困境和城乡差距。

（三）劳动力流动性与就业不稳定性

农村劳动力的流动性高与就业不稳定性是农村劳动力市场的显著问题，农村经济基础薄弱，许多农民选择外出打工，导致农村劳动力的流动性很大。然而，外出打工的农民常面临较高的就业不稳定性，工作机会往往依赖于季节性和劳动力市场的波动。农民在城市中的临时工或合同工身份，使他们在工资、福利等方面受到较大限制，且没有稳定的职业保障。例如，一些农民在建筑工地、餐饮业等行业工作，面临较高的失业风险和工资拖欠问题。农村劳动力的流动性也使得其家庭生活不稳定，影响了家庭的整体福祉和农村社会的稳定性。

（四）劳动力市场中的工资水平与待遇问题

农村劳动力市场中的工资水平与待遇问题凸显了经济发展中的不公平现象，虽然农村劳动力在许多城市和工地上为经济发展做出了贡献，但他们的工资水平往往低于城市劳动者，并且待遇不公。例如，一些农村劳动力从事的低技术工作，其工资远低于城市同类岗位的水平，他们在住房、医疗、社会保障等方面的待遇也相对较差。工资拖欠和劳动条件差的问题也在一定程度上困扰着农村劳动力。由于缺乏有效的法律保障和劳动权益维护机制，许多农民在工资支付和工作条件上面临着较大的风险。这种不平等待遇不仅加剧了农村劳动力的经济困境，也对社会的公平正义造成了影响。

农村劳动力市场的变革凸显了当前农村经济和社会发展的复杂性，从劳动力的总量与分布现状、供需不平衡、流动性与就业不稳定性，到工资水平与待遇问题，这些方面共同影响着农村劳动力的生活质量和经济前景。虽然农村劳动力在推动经济发展中发挥了重要作用，但他们面临的诸多困境仍需引起重视。为此，需要从政策、教育、社会保障等方面入手，解决农村劳动力市场中的关键问题，提升其生活水平和就业稳定性，从而促进农村经济的全面发展。

二、新质生产力对劳动力市场的影响

新质生产力的迅猛发展正在深刻改变劳动力市场的结构。新技术，尤其是数字化和自动化的引入，不仅改变了传统劳动力的需求模式，还对技能要求提出了新的标准。随着智能化生产的普及，劳动力市场正经历着从低技能重复性工作向高技术、高技能工作的转型。新兴产业的崛起则进一步推动了这一变化，不仅带来了新的就业机会，还促使了市场结构的多样化和专业化。这些变化对劳动力市场产生了广泛的影响，包括技能要求的提升和职业机会的重塑。

（一）新技术对传统劳动力需求的改变

新技术，特别是数字技术和自动化技术的迅猛发展，正在重塑传统劳动力市场的需求结构。传统行业中的许多重复性、机械性的岗位正被智能化设备和算法取代。例如,制造业中的自动化生产线不仅提高了生产效率,还减少了对人工操作的依赖。过去需要大量工人进行的装配工作,现在可以通过机器人完成,这导致了对低技能工人的需求减少。信息技术的进步使得数据处理和分析成为企业的重要需求,而传统的文员和数据录入工作也因此减少了。这种技术驱动的变化不仅影响了工人的就业机会,还推动了职场技能的升级和再培训需求。以汽车制造业为例,传统的生产工人如今需要掌握基本的编程和设备维护知识,以适应新技术的挑战。

(二)智能化生产对劳动力技能的要求

智能化生产的普及对劳动力技能的要求显著提高,随着"工业4.0"的推进,生产过程中越来越多的环节开始依赖智能设备和系统,这不仅要求工人具备操作和维护这些先进设备的技能,还需要具备一定的编程和数据分析能力。例如,在智能制造车间中,工人不仅要操作机器人,还需监控机器的运行状态,进行数据分析以预测设备的维护需求。这要求工人具备较高的技术素养和问题解决能力。智能生产还推动了生产过程的实时监控和调整,工人必须能够理解和应用复杂的系统反馈和数据。这种技能要求的提升,导致了对高技术工人的需求增加,而传统的低技能岗位逐渐被淘汰。

(三)新兴产业对劳动力市场的推动作用

新兴产业的崛起正在成为劳动力市场的重要推动力。以绿色能源、人工智能和生物科技为代表的新兴产业,不仅创造了大量新的就业机会,还推动了劳动力市场的结构性变化。例如,电动车和可再生能源领域的快速发展,推动了对新能源工程师、电池设计师和环境科学家的需求。这些新兴行业不仅带来了新的就业机会,还促进了相关技术和服务的创新。这些产业的快速发展也促进了相关领域的供应链和配套服务的兴起,如电动车的充电基础设施和维护服务。这种产业链的延伸和升级,推动了劳动力市场的多样化和专业化,提升了整体的就业质量和薪资水平。

（四）生产力提升对劳动力市场结构的调整

生产力的提升对劳动力市场结构的调整有着深远的影响，随着生产效率的提高和技术的进步，传统行业的劳动力需求模式正在发生变化。例如，在农业和制造业中，生产力的提升往往意味着生产单位所需的劳动力减少，同时对高技能工人的需求增加。这种变化促使大量劳动力从传统的低生产力行业转移到高生产力的行业和岗位中去。这不仅改变了劳动力市场的供需关系，还推动了工资水平的差异化。例如，现代化农业技术的应用使得农业劳动力需求减少，但对农业科技和管理人才的需求增加。这种结构调整要求劳动力市场中的个体不断学习和适应新的工作环境。生产力的提升也促进了服务业和高科技产业的扩张，这些领域往往需要更高的专业技能。

新质生产力的推进正在从多个方面重塑劳动力市场，技术进步导致了传统劳动力需求的减少，同时也对技能提出了更高要求。智能化生产的普及推动了对高技术工人的需求增长，并促使了劳动力市场的结构调整。新兴产业的快速发展则为市场注入了新的活力和机会，进一步推动了行业的多样化和专业化。

三、农村劳动力的结构性调整

在当前经济环境下，农村劳动力正在经历显著的结构性调整。这一变化不仅受到农业现代化和城市化进程加快的推动，也反映了服务业和技能培训的重要性。传统农业逐渐向服务业转移，农村劳动力的技能需求和就业机会不断变化。城乡劳动力流动和年龄结构的变化，也对农村经济的发展和生产力提出了新的挑战。在这一背景下理解农村劳动力的转型趋势、政策支持以及应对措施，对于推动农村经济的持续发展至关重要。

（一）劳动力从传统农业向服务业转移

近年来农村劳动力正经历从传统农业向服务业的结构性转移。这一变化主要受到农村经济结构调整和城市化进程加快的推动。随着农业现代化的推进，机械化和自动化程度的提高使得农业对劳动力的需求逐渐减少。[①]例如,农机具的普及大幅降低了对传统人工劳作的依赖,使得许多农民逐步失去了传统农业的就业机会。服务业,尤其是旅游、餐饮和物流行业在农村地区的兴起,为劳动力提供了新的就业机会。以农村旅游业为例,许多农民转型为民宿经营者、导游或手工艺品制作人员,这不仅带来了收入的增长,也促进了农村经济的多元化。

(二)技能培训与再就业机会的增加

随着劳动力市场的结构性调整,技能培训和再就业机会在农村地区变得越来越重要。政府和各类机构针对农村劳动力推出了多种培训计划,以帮助他们适应新兴行业的需求。例如,许多地方政府设立了职业技能培训中心,提供计算机操作、电商管理、家政服务等课程,以提升农民的就业技能。社会企业和非营利组织也积极参与,开设了针对农村劳动力的创业培训和技能提升项目。以电商培训为例,农民通过学习如何在电商平台上销售农产品,不仅提高了收入,还拓展了市场渠道。政府还设立了再就业服务中心,为失业人员提供职业咨询、就业推荐和创业支持,帮助他们顺利过渡到新岗位或自主创业。这些举措极大地提升了农村劳动力的再就业能力和市场竞争力。

(三)城乡劳动力流动的趋势与政策

城乡劳动力流动是近年来劳动力市场的重要趋势之一,政策的支持和优化对这一趋势起到了推动作用。[②]大量农村劳动力流向城市寻求更好的就业机会,这一过程被称为"城市化"或"迁移"。政府为了促进城乡劳动力的顺畅流动,出台了多项相关政策。例如,放宽城市户籍限制、提供跨区域就业服务和鼓励企业吸纳农民工等措施,都旨在提高农村劳动力的城市融入度。国家还加强了对农民工权益的保护,改善他们的生活条件,如提升住房条件、保障工资支付等。这些政策不仅帮助农村劳动力更好地融入城市生活,也促进了城乡经济的协调发展。

---

① 任佳嘉.乡村振兴背景下提升农村基层治理效能的路径[J].乡村科技,2022,13(10):6-9.
② 谢焱焱,白博文.新媒体赋能乡村振兴发展实践路径探索[J].农村经济与科技,2023(23):196-199.

例如，随着"新型城镇化"政策的推动，更多农村劳动力得以进入城市工地、服务业以及高科技行业，实现了职业的升级和收入的提高。

（四）农村劳动力年龄结构的变化

农村劳动力的年龄结构正在发生显著变化，由于年轻劳动力大量迁移至城市，农村地区的劳动力队伍逐渐老龄化。这一变化对农村经济和生产力产生了深远的影响。年轻劳动力的流失使农业生产的劳动力资源越来越依赖于中老年人，这不仅影响了农业生产的效率，还对农村经济的发展带来了挑战。以某些地区的稻田种植为例，许多年轻人离开家乡去城市工作，留在农村的多为中老年人，他们在体力和技术上的不足，直接影响了农业生产的持续性和稳定性。对此，政府和社会组织提出了多种对策，如推动农业现代化，利用无人机、智能设备等技术，降低中老年农民的劳动强度，也鼓励农村地区发展适合老年人的产业，如乡村旅游和老年人服务业，以充分发挥他们的经验和智慧。这些措施旨在缓解老龄化带来的挑战，并促进农村经济的可持续发展。

农村劳动力的结构性调整正深刻改变着农村经济的面貌，劳动力从传统农业向服务业转移，为农村经济注入了新的活力，但也带来了技能培训和再就业机会的需求。政策的支持，如技能培训、城乡劳动力流动的优化，以及对农民权益的保护，都在推动这一调整进程。然而农村劳动力的年龄结构变化导致的老龄化问题，也对农业生产效率和农村经济可持续性构成挑战。面对这些挑战，政府和社会组织积极采取措施，如农业现代化、发展适合老年人的产业等，以促进农村经济的协调发展和可持续增长。

四、市场化配置与劳动力资源的优化

在现代化经济体系中，市场机制在劳动力资源的配置中扮演着至关重要的角色。通过市场化配置，劳动力资源得以在行业和地区之间实现有效流动，从而优化资源配置，提升经济效率。市场机制通过供需关系决定工资水平、职业选择和就业机会，推动劳动者和企业在不断变化的经济环境中适应和发展。政府的制度与政策支持以及优化劳动力资源的策略和措施进一步增强了市场机制的有效性，促进了经济的高质量发展。

（一）市场机制在劳动力资源配置中的作用

市场机制在劳动力资源的配置中发挥了至关重要的作用，通过市场机制，劳动力资源能够在不同的行业和地区之间实现有效的流动。在市场经济中，工资水平、职业选择和就业机会等因素由供需关系决定，劳动者根据自身技能和市场需求，选择合适的岗位，而企业则通过市场竞争吸引和留住最适合的劳动力。例如，技术行业的高薪资吸引了大量技术型人才向这一领域流动，而制造业则通过提高工资水平和改善工作环境，吸引更多劳动力进入。劳动力市场的灵活性也促进了新兴行业的发展，如互联网和电子商务行业，快速吸纳了大量适应新需求的劳动者，从而推动了相关产业的快速成长。市场机制的有效运作，不仅促进了资源的优化配置，也为经济的长期发展奠定了坚实的基础。

（二）劳动力市场的制度与政策支持

劳动力市场的制度与政策支持是确保市场机制有效运作的关键，政府通过制定和实施相关法律法规，保障劳动力市场的公平性和透明性。例如，劳动法、最低工资法和劳动合同法等制度，为劳动者提供了基本的权益保障，规范了企业的用工行为。政府还通过政策措施支持劳动力市场的健康发展，如职业培训补贴、失业保险和就业服务等。职业培训补贴帮助劳动者提升技能，使他们能够适应市场变化；失业保险则为失业人员提供了经济支持，减轻了他们在寻找新工作的过程中面临的经济压力。政府还设立了就业服务中心，为求职者提供职业咨询、就业推荐和职业规划服务，帮助他们更快地找到合适的工作。这些制度与政策的支持，不仅提升了劳动力市场的运作效率，也促进了劳动力资源的合理配置和利用。

（三）劳动力资源优化的策略与措施

优化劳动力资源的策略和措施包括提升劳动力素质、调整产业结构和促进劳动力流动。首先，提升劳动力素质是优化资源配置的基础，政府和企业应加大对职业教育和技能培训的投入，以提高劳动者的综合素质和专业技能。例如，某些地方政府通过与企业合作开展定制化培训项目，帮助劳动者掌握市场所需的新技能。其次，调整产业结构也是优化劳动力资源的重要手段，通过发展新兴产业和提升传统产业的技术水平，推动劳动力向高附加值领域转移。以制造业为例，通过引入智能制造技术，既提高了生产效率，也促使相关劳动力向更具技术含量的岗位转移。最后，促进劳动力流动，打破地区和行业的界限，使劳动力能够在不同地区和行业之间自由流动，优化资源配置。政府通过放宽户籍限制、提供迁移补贴等措施，鼓励劳动力向经济发展较快的地区流动。这些策略和措施有助于提升劳动力资源的使用效率，推动经济的高质量发展。

（四）市场化配置对提升劳动力生产力的影响

市场化配置对提升劳动力生产力具有显著影响，市场机制通过激励企业和劳动者不断提高效率和技能，推动了劳动生产力的提升。在市场经济中，企业为了在竞争中获胜，必须提高生产效率，降低成本，这促使企业不断引入先进技术和优化生产流程，从而提高了劳动力的生产效率。例如，制造业企业通过引入自动化设备和智能化管理系统，提高了生产效率，减少了对人工的依赖。市场化配置还促使劳动者在职业发展中不断提升自身技能和知识，以适应市场的变化和需求。劳动者在市场竞争中需要不断提升自己的能力，以争取更好的职位和薪资，从而推动个人生产力的提升。例如，许多劳动者通过自我学习和培训，掌握了新兴行业所需的技能，取得了职业发展的成功。

市场机制在劳动力资源配置中发挥着关键作用，通过调节供需关系来优化资源配置。政府的法律法规和政策措施为市场机制的顺利运作提供了保障，同时提升劳动力素质、调整产业结构和促进劳动力流动的策略有效地促进了劳动力资源的合理配置。市场化配置不仅提升了生产力，还推动了劳动者技能的不断提升，为经济的长期发展奠定了坚实基础。

第四节　人力资源政策与农村发展的协同

一、农村人力资源政策的演变

农村人力资源政策在我国的发展历程中经历了深刻的变革,从早期以集体化为核心的计划经济时期,到改革开放后逐步引入市场机制和现代化管理,再到近年来注重全面发展与城乡一体化的政策趋势,农村人力资源政策的演变反映了国家经济和社会发展的重要阶段。早期政策侧重于农业生产的集体化和资源集中管理,目标是提高农业效率。然而,改革开放后的政策变化带来了市场化的转型,推动了农村劳动力的转移和教育培训。近年来政策趋势则强调人力资源的高质量发展、城乡一体化和社会保障体系建设。在政策执行过程中,尽管取得了一些成效,但也面临着区域差异、教育资源不足和政策实施效果不均等挑战。了解这些演变过程和挑战,有助于更好地制定未来的农村人力资源政策,推动农村经济和社会的全面发展。

（一）早期农村人力资源政策的背景与目标

早期的农村人力资源政策主要受限于我国计划经济时代的背景。中华人民共和国成立后,政府实施了以集体化和计划经济为核心的政策,农村人力资源的开发和管理主要以农业集体化为目标。1958年,农村人民公社的建立标志着这一政策的顶峰,政府希望通过集体化将农村资源集中管理,以提高农业生产效率和农村生活水平。然而,这一时期政策的实施并未如预期般顺利,过度集体化导致了农业生产的低效和资源浪费。政策目标虽以农业生产和集体经济为核心,但忽视了人力资源的个体发展和灵活利用,致使农村劳动力资源未能得到有效的激发和优化配置。农村人口大多从事农业生产,缺乏对非农业技能的培训和教育机会,导致了人力资源的浪费和发展瓶颈。

（二）改革开放以来的政策变化与调整

改革开放以来，中国的农村人力资源政策经历了显著的变化。1978年以后，农村改革政策逐步引入市场机制，特别是家庭联产承包责任制的推行，标志着人力资源政策的重大转折。此政策允许农民在承包土地上自主经营，大大激发了农民的生产积极性，提高了农业产出。政府开始重视农村教育和职业培训，实施了各种技能培训项目和教育扶持政策，以提升农民的整体素质和技能水平。20世纪80年代后期，农村劳动力转移成为重要政策方向，大量农村劳动力向城市转移，推动了城市经济的快速发展。这一过程也带动了农村人力资源结构的调整，鼓励农村劳动力向非农产业转移，提高了人力资源的整体素质和流动性。

（三）近年来农村人力资源政策的主要趋势

近年来农村人力资源政策的主要趋势呈现出多个方面的特点，注重人力资源的全面发展和高质量增长。首先，政府进一步强调教育培训在农村人力资源发展中的重要性，推动普及义务教育，提高农村人口的教育水平。其次，政策逐渐关注农村劳动力的转型升级，鼓励农民通过技能培训和创业扶持进入现代服务业和新兴产业。再次，农村人力资源政策强调城乡一体化发展，推动农村与城市的互动，减少城乡差距，鼓励农村劳动力流动与城镇化进程相结合。最后，政策还注重社会保障体系的建设，提升农村居民的生活质量和社会保障水平，保障农村人力资源的稳定和可持续发展。

（四）政策执行中的挑战与经验教训

在农村人力资源政策的执行过程中，面临着诸多挑战。政策的落地和实施存在区域差异，特别是经济欠发达地区的政策执行效果不尽如人意，导致政策收益的分配不均。农村教育和培训资源相对不足，尤其是在偏远地区，教育设施和师资力量的匮乏影响了人力资源的有效培养。政策支持与实际需求之间的脱节也是一大挑战，部分政策措施未能有效对接农民的实际需求，导致了资源浪费和效果不佳。经验教训表明，政策设计需要更加贴近实际，注重与地方实际情况的结合，确保政策的针对性和有效性。强化监督和评估机制，及时调整和改进政策实施中的问题，才能更好地促进农村人力资源的协同发展。

农村人力资源政策的演变过程展现了中国在不同历史阶段对农村经济和人力资源管理的不断调整与优化。从早期以集体化为核心的政策，到改革开放后市场机制的引入，再到近年来关注全面发展和城乡一体化的趋势，政策的变化体现了国家对农村人力资源管理理念的不断升级。尽管取得了不少进展，但在实际执行中仍面临区域差异、资源配置不均和政策与实际需求脱节等挑战。未来政策的制定需要更加注重地方实际情况，强化监督和评估机制，以确保政策的有效实施和农村人力资源的全面发展。

二、新质生产力推动下的政策创新

在新质生产力推动下，政策创新正在成为推动经济和社会发展的关键因素。智能技术的飞速发展、新兴产业的崛起、跨部门合作的深化以及政策创新对农村经济结构的促进，正显著改变着人力资源政策的制定和实施方式。下面将探讨这些领域的变化如何相互作用，共同推动政策的创新与优化，尤其在提升劳动市场的精准性、推动新兴产业发展、加强部门协调以及优化农村经济结构方面的作用。

（一）智能技术对人力资源政策的影响

智能技术的迅猛发展对人力资源政策产生了深远的影响，人工智能、机器学习和大数据技术的应用使得人力资源管理更加精准和高效。[1] 智能技术能够实现对劳动市场的实时数据分析，为政策制定者提供精确的市场需求预测和技能缺口分析。这使得政策调整能够更加贴近实际需求，提高了资源配置的效率。例如，智能招聘系统可以根据大数据分析推荐最匹配的候选人，大幅提升了招聘的精准度和效率。智能技术也推动了教育培训模式的创新。在线教育平台和虚拟培训环境使得农民可以不受地域限制地接受技能培训，从而提高了整体劳动素质。政策

---

[1] 唐惠敏.数字技术赋能乡村振兴的理论阐释与实践发展[J].农村经济,2022(9):42-51.

层面，需要进一步支持智能技术在农村的推广应用，鼓励智能化管理和培训模式，提升农村人力资源的整体素质和适应能力。

（二）新兴产业需求推动的政策调整

新兴产业的迅猛发展对人力资源政策提出了新的要求，随着信息技术、生物医药、新能源等新兴产业的崛起，对专业技能和人才的需求不断增加。政策层面需对这些变化做出及时的调整，以确保人力资源与新兴产业的需求相匹配。例如，政府可以通过设立专项基金和奖补措施，鼓励高校和职业院校开设相关课程和专业，培养与新兴产业相关的技能型人才。推动产业和教育的深度融合，将企业的技术需求和岗位标准融入教育培训中，提升毕业生的就业竞争力。为支持新兴产业的发展，政策还应关注对相关领域人才的引进和留用，通过优化税收优惠、提供创业支持等措施，吸引更多优秀人才投身新兴产业，推动产业结构的升级和经济的高质量发展。

（三）跨部门合作与政策创新

跨部门合作在政策创新中的作用日益显著，面对复杂的社会经济问题，单一部门难以有效解决，需要多部门协同工作以实现政策目标。例如，推动农村振兴和经济发展涉及农业、教育、科技和财政等部门的合作。通过建立跨部门协调机制，可以更好地整合资源、制定综合性政策、避免重复投资和资源浪费。例如，在推动农村智能化农业发展时，农业部门与科技部门需共同制订技术推广计划，教育部门则负责相关培训。跨部门合作还能提升政策实施的效率和效果，确保政策能够在不同领域和层面上得到有效执行。成功的跨部门合作案例，如"互联网＋农业"政策的推进，正是通过多部门合作，将互联网技术与农业生产相结合，推动了农村经济的发展和农业生产的智能化。

（四）政策创新对农村经济结构的促进作用

政策创新在推动农村经济结构调整和优化方面发挥了重要作用。近年来，随着农村经济的多元化发展，政策创新不断推动传统农业向现代农业和新兴产业转型。例如,政府出台了一系列支持农业现代化的政策,如推动农业科技创新、鼓励农民合作社和农业企业的发展等,这些政策有效地促进了农业生产方式的转变,提高了农业生产效率和农民收入。政策还鼓励农村发展非农产业,如乡村旅游和电子商务,这些新兴产业的兴起不仅带动了农村经济增长,也促进了农村经济结构的多元化。政策创新还包括推动绿色发展和可持续发展政策,支持农村环境保护和生态建设,增强了农村经济的可持续性。通过这些政策的实施,农村经济结构不断优化,农村地区的经济活力和发展潜力得到了显著提升。

智能技术的应用使人力资源政策更加精准和高效,新兴产业的快速发展推动了对政策的及时调整,跨部门合作增强了政策实施的综合性与效果,而政策创新则积极促进了农村经济结构的优化。通过综合运用这些策略,政策制定者能够更好地应对复杂的社会经济问题,提升整体经济的活力和可持续发展水平。

三、人力资源政策与农村发展的协同

在中国农村经济的转型与发展过程中,人力资源政策扮演了至关重要的角色。农村经济的可持续发展不仅依赖于农业生产力的提升,还需要有效的人力资源配置与政策支持。近年来,国家推行的乡村振兴战略提出了多项目标,如提升农业生产效率、改善农民收入、推动基础设施建设等。这些目标的实现离不开人力资源政策的积极对接与支持。有效的人力资源政策不仅可以促进农村劳动力的技能提升和创业创新,还能支持农村产业的发展,进一步推动社会和经济的全面进步。下面将探讨人力资源政策与农村发展战略的对接、政策对农村产业发展的支持、政策实施效果与农村社会变化的关联以及政策制定与地方需求的匹配度分析,从而为优化政策实施提供理论支持与实践指导。

(一)政策目标与农村发展战略的对接

人力资源政策与农村发展战略的对接是实现农村经济可持续发展的关键,政策目标需要与农村发展的总体战略紧密结合,以确保资源的有效配置和目标的实现。乡村振兴战略明确了要提升农业生产效率和农民收入,促进农村基础设施建

设及社会事业发展。为了对接这一战略，人力资源政策应设立相应的支持措施，如设立专项资金支持农村人才培养和技能提升，推动农业科技创新。政策应鼓励农村创业，提供税收优惠和资金支持，以促进地方经济的多元化发展。通过明确政策目标与农村发展战略的对接，能够形成有效的政策合力，提高政策实施的精准性和有效性，促进农村经济的持续增长。

（二）人力资源政策对农村产业发展的支持

人力资源政策在农村产业发展中发挥着至关重要的支持作用，随着农村经济结构的不断调整和新兴产业的崛起，传统的农业劳动方式需要转型升级。人力资源政策可以通过多种途径支持这一过程。政府可以通过职业培训和技能提升计划，帮助农民掌握现代农业技术和新兴产业所需的技能。例如，设立农业技术培训班和农村创业课程，使农民能够有效利用新技术，提升生产效率。政策应支持农村创业创新，鼓励农民建立农产品加工企业或发展农村旅游业等新兴产业。通过提供创业补贴、税收优惠和融资支持，降低创业门槛，激发农民的创新潜力。建立健全的农业合作社和企业机制，整合资源，推动农村产业的集约化和规模化发展。人力资源政策的支持能够有效提升农村产业的竞争力和可持续发展能力。

（三）政策实施效果与农村社会变化的关联

政策实施效果与农村社会变化密切相关，人力资源政策的有效性直接影响农村经济和社会的发展。政策实施后，需通过数据监测和效果评估来分析其对农村社会的实际影响。例如，通过对农村劳动力市场的监测，可以评估职业培训和技能提升计划的成效，了解农民就业率和收入水平的变化。政策实施还需关注农村社会结构的变化，如农村人口流动、教育水平的提升和生活质量的改善。成功的政策往往能够有效地促进农村社会的稳定和发展。例如，"精准扶贫"政策通过有针对性的培训和资助，帮助贫困家庭脱贫致富，从而促进了农村社会的整体进步。通过不断跟踪评估政策效果，及时调整和优化政策措施，可以确保政策能够更好地满足农村社会的发展需求。

(四) 政策制定与地方需求的匹配度分析

政策制定与地方需求的匹配度是确保政策有效实施的关键，地方经济和社会发展情况各异，政策需要根据地方的具体需求进行调整和优化。地方政府应深入了解本地经济发展现状和人力资源需求，通过调研和数据分析，明确政策方向和重点。例如，在经济欠发达地区，应重点关注基础设施建设和技能培训，而在经济较为发达的地区，则可以侧重于创新创业和高技能人才的引进。政策制定应充分考虑地方特色和实际问题，避免"一刀切"的做法。例如，针对西部农村地区，政策应鼓励开发特色农产品和支持生态旅游，而对于东部发达地区，则可侧重于推动高科技农业和现代服务业的发展。

人力资源政策的有效实施与农村经济的发展密切相关，政策目标与农村发展战略的对接是实现可持续发展的基础，通过设立专项资金、推动技术创新和支持创业等措施，能够确保资源的合理配置和战略目标的实现。人力资源政策对农村产业的支持作用不可忽视，通过职业培训、技能提升和创业支持，能够有效推动产业结构的转型升级，提升农村产业的竞争力与可持续性。进一步地，政策实施效果的评估与农村社会变化之间的关系强调了政策的动态调整与优化，成功的政策能够促进社会稳定和经济发展。政策制定需关注地方需求的匹配度，通过深入了解地方特色和实际问题，制定有针对性的政策措施，避免"一刀切"的做法，以确保政策的有效实施和地方经济的稳步发展。通过这些分析，本文揭示了人力资源政策在推动农村经济和社会进步中的关键作用，为未来政策的优化提供了有力的参考。

第六章　乡村振兴战略下的新质生产力实践应用

第一节　新质生产力应用的现状分析

一、新质生产力在农村的应用现状

近年来新质生产力在农村地区的应用显著推动了农业和农村经济的现代化进程，科技型农业、智能制造和信息技术的引入与推广，不仅优化了农业生产流程，还提升了农民的生活水平。特别是农业物联网、无人机和精准农业技术等创新，已成为推动农村经济发展的重要力量。通过政府与企业的共同努力，新技术的普及和应用正逐步改变农村经济结构，为乡村振兴战略的实施提供了强有力的支持。

（一）新质生产力的引入与推广情况

新质生产力的引入与推广在农村地区近年来取得了显著进展，科技型农业、智能制造和信息技术等领域的创新逐步渗透到农村生产和生活中。例如，农业物联网技术使得农民能够通过传感器实时监测土壤湿度、温度等环境数据，从而优化灌溉和施肥策略。无人机在农业喷洒和作物监测中的应用，大幅提高了生产效率和精准度。政府和企业也积极推动新技术的普及，通过培训和补贴政策，鼓励农民采纳先进的生产工具和方法。例如，国家农业农村部启动了"智慧农业示范区"计划，以帮助农村地区引入现代农业设备和技术，提升农业生产的智能化水平。

（二）新质生产力在农业生产中的实际应用

新质生产力在农业生产中的实际应用正逐步显现其重要性，智能化农业设备，如精准播种机和智能收割机,通过数据驱动的决策和自动化操作,大大提高了农业生产的效率和精度。精准农业技术的应用,使得农民能够根据作物的实际需求调整施肥和灌溉方案,显著提高了作物产量和质量。例如,某些地区已成功实施了基于数据分析的精准农业技术,不仅减少了化肥的使用量,还有效提高了土壤质量和作物产出量。新质生产力还促进了农业与互联网的融合,线上销售平台的兴起使得农产品能够迅速进入市场,增加了农民的收入和市场竞争力。

(三)新兴产业对农村经济的影响

新兴产业对农村经济的影响日益明显,随着乡村振兴战略的实施,农村地区出现了一批以高科技、绿色经济为核心的新兴产业。例如,农村电商的迅猛发展不仅拓展了农产品的销售渠道,还带动了物流和仓储等相关服务行业的发展。养殖业和生态农业中的新兴模式,如循环经济和有机种植,逐步成为农村经济的重要组成部分。这些新兴产业的出现,有效提升了农村经济的多样性和活力。新兴产业带来了技术创新和资本注入,为农村地区提供了更多的就业机会和经济增长点。例如,某些乡村通过发展特色农产品加工、绿色能源和旅游业,实现了经济的快速增长和结构优化。

新质生产力的应用在农村地区展现出强大的发展潜力和实际效益,智能农业设备和精准农业技术提高了生产效率和作物质量,电商和绿色经济等新兴产业促进了农村经济的多样化和活力。这些技术和产业的融合不仅提升了农业的智能化水平,还为农村地区带来了更多的就业机会和经济增长点。未来,继续推动新质生产力的普及和应用,将是实现全面乡村振兴和可持续发展的关键。

二、新质生产力在应用过程中的主要问题

在将新质生产力引入农村地区时,面临着多重挑战。技术适应性与农村实际需求的匹配问题、资源投入与产出效率的不平衡、技术普及过程中遇到的障碍与挑战,以及政策支持与实施效果的不足,都是影响新技术推广和应用的关键因素。这些问题的存在不仅限制了技术的实际效益,也影响了农村经济的现代化进程。

因此，深入探讨这些问题并寻找解决方案，对于提升农村地区的新质生产力应用具有重要意义。

（一）技术适应性与农村实际需求的匹配问题

新质生产力在引入农村地区时，技术的适应性与农村实际需求的匹配问题成为一大挑战。农村地区的生产环境和经济状况与城市差异较大，这就要求技术在设计和应用时必须考虑到这些差异。例如，高科技农业设备虽然能够提供精准的数据和高效的操作，但其高昂的成本和复杂的操作要求在资金有限、技术水平较低的农村地区可能难以推广和普及。一个具体例子是，某些地区的智能化灌溉系统需要复杂的安装和维护，但对于技术水平较低的农民来说，这种系统的使用难度较大，导致系统的实际应用效果不尽如人意。

（二）资源投入与产出效率的不平衡

资源投入与产出效率的不平衡是新质生产力应用中的另一个关键问题，尽管新技术的引入可能需要大量的初期投资，包括设备采购、技术培训和基础设施建设等，但如果未能充分发挥这些技术的效益，可能会导致资源的浪费。例如，某些地区引入了高端农业设备，但由于操作不当或维护不及时，设备的实际使用效率远低于预期，投资回报率低下。这种不平衡现象不仅削弱了技术的推广力度，还可能影响农民的积极性。

（三）技术普及过程中遇到的障碍与挑战

技术普及过程中面临的障碍与挑战主要包括技术知识的缺乏、信息不对称和基础设施的不足等问题。如在某些偏远的农村地区，农民对新技术的认知有限，对新技术的接受度较低。即使技术供应商提供了相关培训和支持，但由于信息传递的滞后性和地域性限制，农民仍然难以掌握和应用这些新技术。基础设施的不完善，如网络覆盖不足、设备维修服务不到位，也使得技术的推广和应用受到制约。例如，某些地区虽然有意愿引入无人机进行农业监测，但由于缺乏必要的网络支持和维修服务，这些设备往往不能充分发挥作用。

（四）政策支持与实施效果的不足

政策支持与实施效果的不足也是新质生产力应用中的一个重要问题，虽然政府推出了多项支持政策，如补贴、贷款优惠和技术培训等，但在实际实施过程中，这些政策往往面临执行不到位和效果不显著的问题。例如，一些地区的政策资金在分配过程中存在不公正现象，部分农村地区无法获得应有的支持，从而影响了政策的实际效果。政策的执行缺乏有效的监督和评估机制，导致政策目标与实际需求之间存在差距。例如，某些地区虽有政府补贴政策，但由于申请程序复杂、审核时间长，补贴资金无法及时送达农民手中。

新质生产力在农村地区的应用过程中面临着多方面的问题，包括技术适应性与需求不匹配、资源投入效率不平衡、技术普及障碍以及政策支持不足等。这些问题不仅影响了技术的有效推广，还制约了农村经济的进一步发展。未来需要针对这些挑战制定更加切实可行的策略，提升技术的适应性、优化资源配置、加强技术普及和改进政策执行，以实现技术在农村地区的最大化效益。

三、未来发展方向

在未来的发展蓝图中，技术创新、政策支持、新质生产力应用和跨部门合作将成为推动各行业进步的核心因素。智能化、自动化和绿色化将驱动技术的前沿发展，尤其是在农业领域，通过人工智能、无人机和绿色技术的结合，将实现精准农业的变革。政策支持和机制创新将为技术研发和推广提供必要的保障，推动新质生产力的广泛应用。跨部门合作与资源整合也将加速技术的应用和产业升级，形成强大的协同效应。下面将探讨这些趋势的未来发展方向，并分析其在农业、制造业和服务业中的潜在影响。

（一）技术创新与应用的前沿趋势

未来技术创新将在智能化、自动化和绿色化方面持续推进。例如，人工智能与物联网的结合将推动农业向精准农业发展，利用人工智能分析土壤和作物数据，实现自动化灌溉、施肥和病虫害管理。无人机技术的进一步发展将增强其在农业监测和数据采集中的应用能力，实现对大规模农田的实时监控。绿色技术的发展也将是关键，如使用可降解材料和环境友好型肥料，以减少农业对环境的负面影响。例如，加拿大的"智能农业解决方案"项目通过将无人机与人工智能结合，实现了对大规模农田的精准管理，大幅提高了生产效率和资源利用率。这些前沿趋势不仅提高了生产力，还促进了可持续发展，将成为未来农业发展的重要方向。

（二）政策支持与机制创新的方向

政策支持和机制创新将是推动新质生产力应用的关键，政府应出台更具针对性和灵活性的政策，以支持技术的研发和推广。政策可以包括技术补贴、税收优惠和低息贷款等，以降低企业和农民的技术应用成本。在机制创新方面，政府和相关部门应建立更加高效的项目审批和资金分配机制，以确保政策支持能够及时有效地落实。例如，我国的"乡村振兴战略"通过提供技术补贴和贷款优惠，成功推动了现代农业技术的应用，改善了农村经济。这表明，政策支持和机制创新将大幅提升新技术的应用效果，推动产业升级。

（三）新质生产力应用的潜在领域与机会

新质生产力应用的潜在领域广泛，包括农业、制造业和服务业等。在农业方面，精准农业和智能农业设备将大大提高生产效率和资源利用率；在制造业方面，智能制造和"工业4.0"技术将提升生产线的自动化和灵活性；在服务业方面，大数据和人工智能将提升服务质量和用户体验。例如，智能农业设备在中国北方的干旱地区显示出巨大的潜力，通过高效的水资源管理和作物监测，可以显著提高作物的产量和质量。这些潜在领域和机会不仅有助于提高生产效率，还能推动各行业的全面升级和转型。

（四）跨部门合作与资源整合的发展前景

跨部门合作与资源整合将在未来发展中发挥重要作用，通过整合政府部门、科研机构、企业和农民等方面资源，可以形成协同效应，推动技术的快速应用和推广。例如，农业科技公司与地方政府和科研机构的合作，可以共同开发适合本地条件的技术解决方案,提供技术支持和培训服务。资源整合也能优化政策实施,提高资源使用效率。例如,德国的"农业科技合作伙伴计划"通过跨部门合作,整合了技术研发、政策支持和市场需求,有效推动了新技术在农业中的应用。这表明通过跨部门的紧密合作和资源整合,可以更好地解决技术应用中的问题,实现全面的产业升级。

未来技术创新将在智能化、自动化和绿色化方面不断推进,尤其是通过人工智能和无人机技术实现精准农业和高效资源管理。政策支持与机制创新将为新质生产力的应用提供强有力的保障,推动技术普及与产业升级。跨部门合作和资源整合将优化政策实施,提升资源使用效率,推动技术的广泛应用。这些发展趋势不仅将显著提高生产效率和资源利用率,还将促进可持续发展,成为未来产业转型的重要驱动力。

第二节 农村发展中的创新模式

一、农村创新模式的探索

随着科技进步和市场需求的变化,传统农业正面临转型的压力。农村经济的发展不仅需要继续发挥传统农业的优势,还要积极探索与新兴产业的融合模式。下面将探讨农村创新模式的多个关键方面,包括传统农业与新兴产业的融合、农村合作社与集体经济的创新实践、政府主导与市场驱动的创新机制以及农村基层组织在这些创新模式中的角色。这些探索不仅旨在优化农村产业结构,还希望通过多样化的发展路径,实现农村经济的全面振兴和可持续发展。

(一)传统农业与新兴产业的融合模式

传统农业与新兴产业的融合模式,是当前农村发展的一个重要趋势。随着科技的进步和市场需求的变化,单一的传统农业模式已经难以满足现代经济的发展需求。通过与新兴产业的融合，农村可以实现产业结构的优化和经济的多元化。例如，农业与旅游业的融合可以推动"农业+旅游"的发展模式，吸引城市游客到农村体验农耕文化和自然风光，同时带动农产品的销售。例如，中国浙江省的"美丽乡村"项目，通过将现代农业与乡村旅游相结合，成功打造了多个具有地方特色的旅游景点，不仅增加了农民的收入，也推动了农村经济的发展。传统农业与互联网技术的结合也是一个显著的趋势。例如，利用电商平台销售农产品，不仅拓宽了销售渠道，也提高了产品的附加值。

（二）农村合作社与集体经济的创新实践

农村合作社与集体经济的创新实践在推动农村经济发展方面发挥了重要作用，合作社作为一种集体经济组织形式，通过资源共享和优势互补，实现了生产、经营和服务的共同发展。[①] 例如，某些农村合作社通过引入先进的生产技术和管理模式，提高了农产品的生产效率和市场竞争力。以江西省的"绿色生态农业合作社"为例，该合作社通过引进有机农业技术，生产高附加值的绿色农产品，同时通过合作社的集体采购和销售，降低了成本，提高了农产品的市场价格。集体经济还通过创建集体资产公司，实施资产证券化，实现了资产增值和收益分配。例如，安徽省的"集体经济资产管理公司"通过资产整合和管理，不仅提高了集体经济的运作效率，还为当地基础设施建设和公共服务提供了资金支持。这些创新实践不仅提升了农村经济的整体水平，还增强了农村集体经济的可持续发展能力。

（三）政府主导与市场驱动的创新机制

政府主导与市场驱动的创新机制，是推进农村发展的重要手段。政府在创新机制中起到引导和支持的作用，通过制定政策、提供资金和技术支持，促进市场力量的发挥。例如，政府可以通过制定优惠政策，鼓励企业投资农村产业，推动科技创新和产业升级。市场驱动则通过市场需求引导资源配置，激发企业和农民

---

① 巩海秀，付伟. 乡村振兴背景下数字化赋能的研究与展望[J]. 云南农业大学学报：社会科学版，2023, 17(3): 9.

的积极性。例如，在中国的"乡村振兴战略"中，政府通过设立专项资金和提供税收优惠，支持农村基础设施建设和农业技术推广。市场的需求驱动也促使企业投资现代农业和农村服务业，如农业科技公司在农村推广智能农业设备，满足市场对高效、环保农业生产的需求。这种政府与市场的结合，不仅推动了农村经济的快速发展，还提高了资源的配置效率和使用效益。

（四）农村基层组织在创新模式中的角色

农村基层组织在创新模式中扮演着关键角色，其主要功能包括组织协调、服务提供和信息传递。基层组织（如村委会和农民合作社），通过密切联系农民，了解实际需求，推动创新模式的实施。例如，基层组织可以组织培训班，提升农民的科技素养和管理能力，推动现代农业技术的应用。以湖南省的某农村基层组织为例，该组织通过建立农业技术服务中心，为农民提供种植技术、病虫害防治等服务，显著提高了农作物的产量和质量。基层组织还可以协调各方资源，促进产业链的整合与发展。例如，四川省某村的基层组织通过协调政府、企业和农民，推动了当地的"农业＋电商"模式，实现了农产品的线上销售和市场拓展。

农村创新模式的探索显示了传统农业在现代经济中的新机遇，通过与新兴产业的融合，农村不仅优化了产业结构，还拓宽了经济增长点。合作社和集体经济的创新实践，通过技术引进和资产管理，提高了生产效率和市场竞争力。政府的政策引导和市场的需求驱动，进一步推动了农村经济的多元化和现代化发展。农村基层组织在推动这些创新模式中的积极作用，不仅提升了农民的技术水平，也促进了产业链的整合。整体来看，这些创新模式为农村经济的持续发展提供了有力支持。

二、新质生产力推动下的创新实践

在新时代的推动下，新质生产力正在重塑多个领域，特别是在农业、企业管理和生产模式方面。智能农业技术的应用、数字化管理与信息化服务的推广，以及绿色生产与可持续发展的创新模式，正引领着技术与环境的融合。这些变革不仅提升了效率和生产力，还促进了资源的优化利用和环境保护，为未来的可持续发展奠定了基础。

（一）智能农业技术的应用

智能农业技术的应用正在变革传统农业模式，提高了农业生产的效率和可持续性。通过采用先进的传感器、无人机和数据分析技术，智能农业可以实时监测土壤湿度、气象条件和作物健康状况。例如，利用无人机进行精准喷洒和监测，能够减少农药的使用量。另一个例子是智能灌溉系统，通过土壤湿度传感器自动调整水量，节约了水资源并减少了人工管理的需求。智能农业还利用人工智能算法优化种植决策，如根据天气预测调整种植时间。这些技术不仅提高了生产效率，还促进了环境保护，使农业生产更加可持续。

（二）数字化管理与信息化服务的推广

数字化管理与信息化服务的推广对现代企业和公共服务领域产生了深远的影响。通过引入企业资源规划系统、客户关系管理系统和大数据分析，组织能够更高效地管理业务流程和客户关系。例如，企业资源规划系统可以整合财务、库存和生产信息，优化供应链管理，提高企业运作的透明度和效率。数字化平台还促进了在线服务的发展，如通过电子政务平台，市民可以便捷地办理各种行政手续，减少了面对面办理的时间成本。信息化服务的推广使得决策更加科学，运营更加灵活，也推动了业务模式的创新和优化。

（三）绿色生产与可持续发展的创新模式

绿色生产与可持续发展的创新模式在应对环境挑战和资源短缺方面发挥了重要作用。企业通过采用环保材料、优化生产工艺和推动循环经济，实现了生产过程中的资源节约和废弃物减少。[①] 例如，某些制造业企业开始使用可再生材料替代传统塑料，减少了对石油资源的依赖。绿色生产模式还包括能效管理系统，通

[①] Xu Z . Research on the Development of New-Quality Productivity to Promote Digital Rural Construction under the Background of Rural Revitalization Strategy[J]. Journal of Applied Economics and Policy Studies, 2024, 7(1).

过优化能源使用和引入清洁能源，降低了碳排放。通过推行生产过程的绿色认证，企业能够展示其环境责任，并吸引越来越注重环保的消费者。这些创新模式不仅促进了经济的可持续发展，还为应对全球环境问题提供了有效解决方案。

新质生产力推动下的创新实践显著提升了农业效率、优化了企业管理流程，并促进了绿色生产。智能农业技术通过精准监测和数据分析，提高了生产效益和资源利用效率；数字化管理和信息化服务通过集成系统和平台，提升了业务运作和公共服务的效率；绿色生产模式则通过环保材料和能效管理，推动了经济与环境的双赢。未来这些实践将继续引领技术进步和可持续发展，塑造更加高效和环保的现代社会。

三、创新模式的推广与应用

在当今快速发展的社会中，创新模式的推广与应用成为推动经济增长和社会进步的关键因素。成功的创新模式不仅依赖科学的推广策略和有效的政策支持，还需要地方政府与企业之间的紧密合作。市场调研、试点项目、宣传教育等策略是推广创新模式的基础，而政策支持与激励措施则为企业提供了重要的推动力。地方政府与企业的合作进一步加强了创新模式的实际应用，为地方经济的繁荣和创新能力的提升注入了新的活力。下面将探讨这三方面的具体内容和实践案例，展示创新模式在推广与应用中的成功经验和有效做法。

（一）成功创新模式的推广策略与方法

成功的创新模式推广依赖于多方面的策略与方法，先要进行市场调研，了解目标市场的需求和痛点，从而设计出符合需求的创新方案。例如，某家初创公司在推出其智能穿戴设备时，通过详尽的市场调查发现，消费者对健康监测的需求日益增加。基于此，公司采用了精准的市场定位策略，制订了针对性的营销计划。利用试点项目和样板工程是有效推广的关键。通过在小范围内进行试点，可以收集反馈并进行调整，从而减少大规模推广中的风险。例如，某个城市在推广智能交通管理系统时，首先，在几个区域进行试点，验证系统的有效性和稳定性。其次，广泛的宣传和教育也是不可或缺的环节。最后，通过举办研讨会、发布白皮书和进行媒体宣传，可以提高公众对创新模式的认知和接受度。

（二）政策支持与激励措施的实施

政策支持和激励措施在推动创新模式应用中发挥了至关重要的作用，政府通常通过制定有利的政策框架，鼓励企业进行创新。例如，某国政府设立了专门的创新基金，为符合条件的企业提供资金支持，用于研发和市场推广。税收优惠政策也是重要的激励措施之一。通过减免企业所得税或提供研发费用，降低了企业的研发成本，激发了其创新热情。政策支持还包括简化行政审批流程，降低创新项目的启动门槛。例如，某地区推行了"一站式"服务，简化了企业申请创新资助和项目审批的手续。

（三）地方政府与企业的合作推广

地方政府与企业的合作推广在创新模式的应用中具有重要意义，地方政府可以通过与企业建立合作伙伴关系，共同推动创新项目的落地。例如，某地政府与当地科技企业合作，成立了创新孵化器，为初创企业提供办公空间、技术支持和资金援助。这种合作模式不仅帮助企业解决了初期发展的难题，也促进了地方经济的增长。地方政府还可以通过设立奖励机制，鼓励企业参与创新项目。例如，某市政府推出了"创新奖"，对在技术突破和市场拓展方面表现优异的企业给予奖金和荣誉。这种奖励机制激励了企业的创新积极性，同时提升了地区的创新能力。政府与企业的紧密合作，不仅推动了创新模式的推广应用，也促进了地方经济的持续发展。

成功的创新模式推广离不开多方面的策略与支持，市场调研和试点项目帮助企业精准定位市场需求并优化推广方案，广泛的宣传和教育则增强了公众对创新模式的接受度。政策支持和激励措施通过创新基金、税收优惠和简化审批等手段，激发了企业的创新潜力。地方政府与企业的合作，通过创新孵化器和奖励机制等形式，不仅解决了企业发展中的实际问题，也推动了地方经济的发展。这些因素的综合作用，不仅促进了创新模式的有效推广和应用，也为未来的经济发展提供了条件。

四、创新模式的评估与改进

在当今快速变化的市场环境中，创新是企业保持竞争力和实现长期发展的关键。为了确保创新模式的有效性和持续优化，必须进行系统的评估与改进。评估创新模式的效果不仅需要明确的评价标准，还需要科学的方法来全面分析其市场接受度、经济效益、技术成熟度和用户满意度。建立有效的问题发现与反馈机制，对创新模式进行持续优化和调整，能有效应对市场和技术变化带来的挑战。通过系统化的评估与改进措施，企业能够更好地适应市场需求，提高产品和服务的质量，从而增强其市场竞争力。

（一）创新模式效果的评价标准与方法

评估创新模式的效果需要明确的标准与系统的方法，评价标准包括创新模式的市场接受度、经济效益、技术成熟度和用户满意度等方面。市场接受度可以通过销售数据、市场份额和客户反馈来衡量。例如，某科技公司推出的新型智能家居系统，通过跟踪其市场销售量和用户评价，来评估产品的市场接受度。经济效益方面，主要关注投入产出比、投资回报率等财务指标。例如，一项新研发的节能技术，通过计算其节省的能源费用与研发投入的比例，来判断其经济效益。技术成熟度评估则通过技术稳定性、可靠性及持续改进的情况来衡量。用户满意度可以通过用户调查、反馈表和使用数据分析来进行。综合运用这些评价标准和方法，可以全面了解创新模式的实际效果，并为后续改进提供依据。

（二）问题发现与反馈机制的建立

建立有效的问题发现与反馈机制对于持续优化创新模式至关重要，企业应设立专门的反馈渠道，如客户服务中心、在线反馈平台或定期用户调查，以收集用户和市场的意见和建议。例如，一家软件公司可以通过设立在线客服系统和用户论坛，实时获取用户在使用过程中的问题和建议。定期进行内部评审和外部审计也是发现问题的重要途径。内部评审通过团队会议和项目总结，识别执行过程中的问题和瓶颈。外部审计则由第三方机构进行，提供客观、公正的反馈。例如，某企业邀请专业咨询公司进行年度审计，发现其创新模式在市场推广方面存在的不足。建立有效的问题反馈机制不仅能及时发现潜在问题，还能帮助企业在问题发生时迅速采取措施，以确保创新模式的持续改进和优化。

（三）基于评估结果的改进措施

根据评估结果实施改进措施是优化创新模式的重要环节。首先，要根据评估结果识别出创新模式中的优缺点，并制订针对性的改进计划。例如，某企业在评估其新产品后发现用户反馈的主要问题是操作界面复杂，于是决定简化界面设计，提高用户体验。其次，实施改进措施时需要优先解决影响最大的核心问题，并在实际操作中进行调整。例如，针对评估中发现的技术稳定性问题，企业可能需要加大技术研发投入，进行系统升级和测试。再次，改进措施的实施效果应及时跟踪和评估，以验证其有效性。例如，企业在完成改进后，通过再次进行用户满意度调查，确认改进措施是否带来了预期的提升。最后，通过不断的评估和改进，企业可以逐步优化创新模式，提高其市场竞争力和用户满意度。

对创新模式进行有效的评估与改进是企业保持竞争优势的关键。首先，通过明确的评价标准和系统的方法，可以全面了解创新模式的市场接受度、经济效益、技术成熟度和用户满意度，这些评价标准提供了对创新模式实际效果的深刻洞察。其次要建立有效的问题发现与反馈机制，如专门的反馈渠道和定期的内部评审，可以及时识别并解决存在的问题，从而推动创新模式的持续优化。最终根据评估结果制订并实施针对性的改进措施，并持续跟踪其效果，能够确保创新模式在不断变化的市场环境中保持适应性和竞争力。通过不断的评估和改进，企业能够提升产品和服务的质量，实现更高的市场价值和用户满意度，从而在激烈的市场竞争中脱颖而出。

第三节 新质生产力与农村经济的融合发展

一、经济发展与新质生产力的互动关系

经济发展与新质生产力之间存在着密切的互动关系，新质生产力以信息技术、生物技术和绿色技术等先进技术为核心，通过提升生产效率、推动产业结构优化和增强市场竞争力，显著推动了经济的持续增长。经济发展过程中的需求变化也不断刺激新质生产力的应用与创新。下面将探讨新质生产力对经济增长的推动作用、经济发展对新质生产力需求的变化、生产力提升对产业结构优化的影响，以及创新驱动经济发展的机制，从而全面分析经济与新质生产力之间的互动关系及其影响。

（一）新质生产力对经济增长的推动作用

新质生产力指的是以新技术、新模式、新业态为核心的生产力形态，主要包括信息技术、生物技术、绿色技术等先进生产力，其对经济增长的推动作用是显著的。新质生产力通过技术创新提升生产效率，降低生产成本，从而推动经济的持续增长。例如，智能制造技术的应用，使得生产线自动化水平大幅提升，生产效率显著提高。新质生产力还催生了新的产业和就业机会，推动经济结构的优化升级。以新能源汽车产业为例，它不仅带动了电池、充电设施等配套产业的发展，还创造了大量新的就业岗位，促进了经济的多元化增长。新质生产力通过提升产品和服务的附加值，增强了企业的市场竞争力，从而推动了整体经济的增长。新质生产力不仅是经济增长的引擎，更是推动经济结构转型升级的关键力量。

（二）经济发展对新质生产力需求的变化

经济发展过程中的需求变化对新质生产力的推动作用不容忽视，随着经济的发展，传统的生产模式和技术逐渐难以满足市场的需求，促使企业和社会对新质生产力的需求不断增加。例如，在数字经济快速发展的背景下，数据分析和人工智能技术的应用变得越来越普遍。企业为了提高竞争力，纷纷加大对大数据分析和人工智能技术的投入，以提升生产效率和决策水平。经济的发展带来了对绿色环保技术的需求增加。面对环境保护压力，越来越多的企业开始关注和应用绿色技术，如可再生能源和废物处理技术，以实现可持续发展。经济发展不仅推动了新质生产力的应用，也促进了相关技术和产业的不断创新和进步，从而形成了经济和新质生产力之间的互动关系。

（三）生产力提升对产业结构优化的影响

生产力的提升对产业结构优化具有重要影响，随着新质生产力的引入和应用，传统产业得到了升级改造，新兴产业也迅速崛起，从而推动了产业结构的优化升级。例如，传统制造业通过引入智能制造技术，实现了生产过程的自动化和智能化，大幅提升了生产效率和产品质量。这一转型不仅减少了对劳动力的依赖，还推动了高附加值产品的生产，促进了产业结构的高端化。与此同时，新兴产业如信息技术、绿色能源、生物技术等迅速发展，形成了新的经济增长点。这些新兴产业的兴起改变了传统的产业结构，使得经济结构更加多元化和高效。通过新质生产力的引导，产业结构的优化不仅提高了经济的整体竞争力，也为经济的可持续发展奠定了基础。

（四）创新驱动经济发展的机制

创新是驱动经济发展的重要机制，尤其是在新质生产力的背景下。创新驱动经济发展主要通过以下几个机制发挥作用。创新能够提升生产效率和产品质量，从而推动企业的竞争力和市场份额。以科技创新为例，企业通过研发新技术和新产品，不仅能够满足市场需求，还能引领行业发展趋势，抢占市场先机。创新推动了新兴产业的成长和传统产业的转型升级。例如，互联网技术的创新催生了电商、共享经济等新兴产业，同时也促使传统行业进行数字化转型，提升服务和管理水平。创新还能促进资源的优化配置，实现经济的可持续发展。通过技术创新，企业可以更加高效地利用资源，减少对环境的影响，实现绿色发展。

新质生产力作为推动经济增长的重要引擎，通过提升生产效率、催生新兴产业和优化经济结构，发挥了关键作用。经济发展的动态需求不断刺激新质生产力的创新与应用，促进了技术进步和产业升级。生产力的提升不仅使传统产业得到改造，还推动了新兴产业的崛起，优化了产业结构。创新作为经济发展的核心机制，通过提高生产效率、推动产业转型和资源优化配置，实现了经济的可持续发展。经济与新质生产力的互动关系展现了未来经济发展的无限潜力。

二、农村经济中的新质生产力应用

在现代农业和农村经济的发展中，新质生产力的应用正发挥着重要作用。智能农业与精准农业的实施、农村电商平台与数字经济的迅猛发展、绿色技术在农业生产中的普及，以及新质生产力在农村服务业中的创新应用，都是推动农村经济转型和升级的关键因素。智能农业通过物联网和人工智能技术实现了对农业生产全过程的精确管理，提升了生产效率和资源利用率。农村电商平台则通过打破地域限制，拓宽了农产品的销售渠道，推动了农村经济的发展。绿色技术的应用在减少环境影响的同时提升了农业生产的可持续性。新质生产力在农村服务业的应用，如在线医疗、教育和政务服务，正在改善农村居民的生活质量。

（一）智能农业与精准农业的实施情况

智能农业和精准农业代表了新质生产力在农村经济中的重要应用，智能农业利用物联网、人工智能和大数据等技术，实现对农业生产全过程的智能化管理。例如，通过安装传感器，农民可以实时监测土壤湿度、气温和作物生长状况，并根据数据调整灌溉和施肥策略，从而优化资源使用，提高产量和质量。精准农业则通过使用卫星定位技术和无人机，实现对农业生产的精确操作。例如，某些农业公司在使用无人机对大田进行航拍后，通过数据分析制订精准的施肥和喷药计划，显著降低了农药和化肥的使用量，减少了对环境的负面影响。这些智能和精准技术的应用，不仅提升了农业生产的效率，还促进了可持续发展，帮助农民实现了高效、环保的现代化农业。

（二）农村电商平台与数字经济的发展

农村电商平台的兴起标志着新质生产力在农村经济中的重要突破，通过电商平台，农村地区的农产品可以直接面对全国乃至全球市场，极大拓展了销售渠道。例如，借助淘宝、京东等电商平台，许多农民和农村合作社能够将本地特色产品（如有机蔬菜、优质水果等）销售到城市市场，从而增加了收入。数字经济的发展还推动了农村物流体系的完善。快递配送网络的覆盖使得农产品能够迅速从生产地运送到消费者手中，提高了流通效率。数字支付的普及也简化了交易过程，增强了市场交易的便捷性和安全性。农村电商平台和数字经济的结合，促进了农业产业链的升级，带动了农村经济的快速发展。

（三）绿色技术在农业生产中的应用

绿色技术的应用在农业生产中逐渐成为主流，旨在实现可持续发展并减少环境影响。现代绿色技术包括生物肥料、节水灌溉和有机农药等。例如，生物肥料的使用不仅提升了土壤肥力，还减少了对化学肥料的依赖，降低了对环境的污染。节水灌溉技术如滴灌和喷灌系统，通过精确控制水量，显著节约了水资源，同时提高了作物的生长效率。在有机农业方面，使用植物提取物和天然敌害昆虫替代化学农药，有效降低了对环境和人体的负面影响。这些绿色技术的推广和应用，不仅改善了农业生产的环境条件，还提高了农产品的安全性和质量，推动了农业的可持续发展。

（四）新质生产力在农村服务业的创新应用

新质生产力在农村服务业的应用也带来了显著的创新，例如，智慧乡村建设利用互联网技术提供各类服务，如在线教育和政务服务。在线教育平台则使农村孩子能够接受优质教育资源，缩小了城乡教育差距。农村政务服务的数字化改造，使农民可以在线办理各种证件和申请，简化了办事流程，提高了效率。这些新质生产力的创新应用，不仅提升了农村服务的质量和效率，还促进了农村社会的全面发展和居民的生活水平提高。

新质生产力在农村经济中的应用正带来深刻的变革，智能农业和精准农业的技术创新，使农业生产更加高效、环保。农村电商平台和数字经济的发展，则为农产品提供了更广阔的市场和更高效的物流体系，显著提升了农村经济的发展水平。绿色技术的推广不仅改善了农业的环境条件，也提升了农产品的质量和安全性。新质生产力在农村服务业中的应用，如智慧乡村建设和数字化服务，进一步推动了农村社会的发展，提高了居民的生活水平。

三、融合发展的实践路径

在新时代背景下，推动农村经济高质量发展成为乡村振兴的核心任务。实现这一目标的关键在于技术创新、基础设施建设、产学研合作以及政策支持的综合作用。下面将探讨四个主要实践路径，包括技术创新与产业升级、农村基础设施建设与智能化改造、产学研合作与科技成果转化、政策体系与支持措施的对接。通过深入分析这些策略的实施路径和实践效果，为促进农村经济的可持续发展提供宝贵的见解。

（一）推动技术创新与产业升级的策略

推动技术创新与产业升级是实现农村经济高质量发展的核心策略，需要加强研发投入，鼓励企业和科研机构合作，探索新技术在农业生产中的应用。例如，推广智能灌溉系统和无人机技术，提升农业生产效率。推动传统农业向现代农业转型，引导农民采用先进的生产技术和设备，如精密播种机和自动化采摘设备。建立技术创新平台和产业孵化器，促进新兴技术的应用和产业链的完善，是另一关键措施。以农业机器人为例，其在播种、施肥和收割中的应用，能够显著提高劳动生产率，并减少人力成本。加强技术培训，提升农民的技术水平和适应能力。通过这些策略，农村产业将实现科技化、智能化升级，进一步促进农村经济的可持续发展。

(二) 加强农村基础设施建设与智能化改造

加强农村基础设施建设和智能化改造是实现乡村振兴的基础,首先要完善交通、水利、电力等基础设施建设,提升农村的生产和生活条件。例如,新建和改造乡村道路,提高农产品运输效率;改进农村供水系统,保障农业灌溉和生活用水。其次要推动智能化改造,应用物联网、5G技术和智能设备提升基础设施的智能管理水平。例如,智能路灯系统可以根据实际需求调节亮度,节省能源并提升安全性。智能农业系统可以实时监测并调节环境因素,提高农业生产的精确度。最后要引导和支持地方政府和企业投资建设智慧农村基础设施,促进资源的高效利用,提升农村居民的生活质量,为经济发展创造良好环境。

(三) 促进产学研合作与科技成果转化

产学研合作和科技成果转化是推动科技进步和经济发展的重要途径,首先,建立和完善产学研合作机制,推动高校、科研院所和企业的深度合作。例如,农业高校可以与当地农企合作进行技术研发,解决实际生产中的技术难题。其次,鼓励科技成果的转化应用,通过成果转化机构或平台,将科研成果快速应用于实际生产中。例如,某些科研项目开发的新型作物品种或高效肥料,通过合作转化为市场产品,直接带动了农业生产的提升。最后,推动技术转移和知识产权保护,确保科技成果的合法应用和商业化。政府应提供相应的支持政策,激励企业和研究机构积极参与科技创新和成果转化。这种合作模式不仅提升了科技研发的效率,也促进了经济的持续增长。

(四) 完善政策体系与支持措施的对接

完善政策体系与支持措施的对接是促进农村经济健康发展的关键,首先,政府应制定针对农村经济发展的综合性政策,包括财政补贴、税收优惠和金融支持。例如,为推广智能农业技术,政府可以提供购买设备的财政补贴或低息贷款。其次,建立健全政策执行和监督机制,确保政策措施的有效实施。通过加强政策宣传和培训,提高农民和企业对政策的认知和利用水平。结合实际情况制定地方性政策，满足不同地区的具体需求。例如，针对不同区域的资源条件和产业特点，制定有针对性的农业支持政策。最后，建立反馈机制，及时调整和优化政策措施，解决实际问题。这种政策体系与支持措施的对接，有助于形成完善的支撑体系，推动农村经济的持续健康发展。

实现农村经济的高质量发展需要从技术创新、基础设施建设、产学研合作及政策支持等方面综合施策，技术创新能够提升农业生产效率，推动产业升级；加强基础设施建设和智能化改造有助于改善农村生活条件和生产环境；产学研合作和科技成果转化将科技创新融入实际生产，推动经济发展；完善政策体系与支持措施的对接为农村经济发展提供强有力的保障。这些实践路径的有效实施将促进农村经济的全面提升和可持续发展。

第四节　新质生产力赋能农村发展的前景

一、赋能农村发展的重要性

赋能农村发展是实现农业现代化、经济结构优化和社会进步的关键。新质生产力的引入，通过科技创新和智能化技术，正重塑传统农业和农村经济，为农村地区带来深远的变革。从提升农业生产效率和质量到促进经济结构升级，再到改善生活条件和增强竞争力，新质生产力在多个层面推动了农村的发展和转型。

（一）提升农业生产效率与质量

新质生产力的引入能够显著提升农业生产效率与质量，通过应用先进的农业技术，如智能灌溉系统和精准农业设备，农业生产的管理和操作变得更加科学和高效。例如，智能灌溉系统可以根据土壤湿度和气象数据自动调节水量，在减少水资源浪费的同时提高作物产量。精准农业技术可以通过传感器实时监测土壤养分和作物生长状况，从而提供精确的施肥和病虫害防治方案。这些技术的应用不仅能提高作物的质量，还能减少化肥和农药的使用，促进可持续农业的发展。新质生产力的应用将帮助农业从传统的劳动密集型模式向高效、智能化的现代农业转型。

（二）促进农村经济结构优化与升级

新质生产力的赋能还能够有效促进农村经济结构的优化与升级，通过推动科技创新和产业融合，传统农业可以向现代农业和相关产业扩展。例如，农业与旅游业的结合可以发展乡村旅游，带动地方经济增长；农业与制造业的结合可以促进农产品深加工，增加附加值。以农业智能化设备的推广为例，智能温室和自动化设备的应用不仅提升了农业生产效率，还带动了相关技术和服务产业的发展。新质生产力促进了农村创业和创新，涌现出一批新兴企业和合作社，推动了农村经济的多元化和结构优化。

（三）改善农村生活条件与社会福利

新质生产力不仅提升了农业生产，还对改善农村生活条件和社会福利产生了积极影响。通过智能化基础设施的建设，如高效的能源管理系统，农村居民的生活质量得到了显著改善。新技术的引入还改善了农村教育条件，智能化教育平台使得农村居民可以享受更高质量的公共服务。这些变化有助于缩小城乡差距，提高农村居民的整体福祉和生活水平。

（四）增强农村地区的竞争力与自我发展能力

新质生产力的赋能将大幅增强农村地区的竞争力与自我发展能力，通过引进和应用先进技术，农村地区可以在市场中占据有利位置。例如，基于数据分析和市场需求预测的智能化生产模式，使得农村企业能够更好地把握市场趋势，优化产品结构和市场策略。新质生产力的引入还促进了农村地区的创新和创业，带动了新兴产业的发展，增强了地方经济的自主发展能力。以农业科技园区为例，这些园区通过集聚技术资源和创新力量，推动了当地经济的快速发展，并提升了区域竞争力。通过这些措施，农村地区不仅提升了经济发展水平，还增强了在全球经济中的参与能力。

新质生产力在赋能农村发展的过程中发挥了至关重要的作用，通过智能化技术和科技创新，农村不仅提升了农业生产效率和作物质量，还优化了经济结构，推动了产业融合，促进了生活条件的改善和社会福利的提升。增强的竞争力和自我发展能力，使农村地区能够在全球化经济中占据更有利的位置。这些变革不仅促进了农村经济的多元化和现代化，也为实现城乡平衡发展奠定了坚实基础。

二、赋能过程中面临的挑战

在赋能农村发展的过程中，面临着一系列复杂的挑战。技术普及与适应性障碍、资金投入与资源配置的不平衡、政策支持与执行效果的差异，以及人才缺乏与技能培训的困难，这些因素都严重影响了农村地区的现代化进程。解决这些问题需要综合施策，从基础设施建设到政策执行，从资源分配到人才培养，形成一个多层次的支持体系，才能真正推动农村的可持续发展和社会进步。

（一）技术普及与适应性的障碍

在赋能农村发展的过程中，技术普及与适应性是一个主要挑战。虽然先进技术（如智能灌溉系统和精准农业设备）已在一些地区取得成功，但在多数农村地区，这些技术的普及仍面临困难。许多农村地区的基础设施和互联网覆盖不足，限制了高科技设备的安装和使用。农民对新技术的认知和接受度较低，技术的引入往往伴随着学习和适应的过程。例如，智能灌溉系统需要农民了解其操作和维护，这对于习惯了传统耕作方式的农民来说，可能需要较长时间的培训和适应。为克服这些障碍，需要政府和企业加大技术普及的力度，提供必要的培训和支持，并加强农村的基础设施建设。

（二）资金投入与资源配置的不平衡

资金投入和资源配置的不平衡是制约农村发展的一大障碍。尽管国家和地方政府为农村发展提供了大量资金支持，但实际投入往往不均衡，导致一些地区的资源得不到有效配置。资金主要集中在经济较发达的区域，而相对贫困的农村地区则难以获得足够的支持。例如，一些高科技农业项目需要高额的前期投资，这对经济基础薄弱的农村地区来说是难以承受的。为了缓解这一问题，政府应优化资金分配机制，确保更多的资源流向需要支持的薄弱地区，鼓励社会资本和企业投资农村发展，并通过公私合营模式来实现资源的有效配置。

（三）政策支持与执行效果的差异

政策支持与执行效果之间的差异也是赋能农村发展中的一大挑战，虽然在政策层面上存在一系列支持农村发展的措施，但在实际执行过程中，效果却常常不如预期。这种差异主要体现在政策落实不够到位和地方执行不一致。例如，某些地方政府在执行农业补贴政策时，可能因缺乏监督而导致资金滥用或分配不公。为了提高政策的有效性，需要加强政策执行的监督和评估机制，确保政策措施能够真正落实到位。应加强政策的透明度和公民的参与，增强政策实施的公平性和可持续性。

（四）人才缺乏与技能培训的困难

人才缺乏与技能培训的困难是赋能农村发展的关键挑战之一，农村地区的技术进步和产业升级需要大量的专业人才，但目前许多农村地区存在技术人才短缺的问题。农民对新技术的掌握和应用能力较低，需要通过系统的技能培训来提升。例如，农业科技园区虽然引进了先进的设备，但缺乏足够的技术人员进行操作和维护，导致设备的使用率不高。为解决这一问题，政府和企业应加大对农村技术人才的培养力度，提供针对性的培训和教育机会，建立有效的人才引进机制，吸引更多的技术人员和专家参与到农村发展中。

赋能农村发展的挑战多方面且复杂，技术普及、资金配置、政策执行和人才培训等问题相互交织，共同影响着农村的现代化进程。要实现农村的全面发展，必须针对这些问题采取有效措施，优化资源配置，提高政策执行的透明度，并加强技术和人才的培养。只有通过系统性的努力，才能确保农村地区能够充分利用先进技术，实现可持续和全面的经济社会发展。

三、政策支持与赋能策略

在推动农村发展与农业现代化的过程中,政策支持与赋能策略发挥着至关重要的作用。政府通过资金和补贴政策、创新驱动与技术推广政策框架、跨部门协调与合作机制,以及社会资本与企业参与的激励措施,为农村经济的振兴和农业现代化提供了坚实的保障。这些政策和策略旨在提升农村基础设施建设水平,促进技术应用和创新发展,确保各部门协调配合,并吸引社会资本和企业参与,从而推动农村经济的全面提升和可持续发展。在这些措施的支持下,农村地区不仅能够引进和应用先进的技术,还能通过跨部门的合作和社会资本的投入实现资源的最优配置和综合效益的最大化。

(一)政府资金与补贴政策的实施

政府资金和补贴政策是支持农村发展的重要手段,为了推动农业现代化和农村基础设施建设,政府通常会提供一系列资金支持和补贴措施。这些措施包括直接补贴给农民、提供低息贷款、设立专项资金用于农村基础设施建设等。例如,中国政府推出了"中央财政农业支持保护补贴"政策,旨在提高农民的收入水平,并鼓励其采用新技术和新设备。政府还会通过设立专项资金来支持农业科技项目,帮助农民引进和使用高效的农业机械和技术。这些资金和补贴不仅降低了农民的经济负担,也激发了他们的技术应用意愿。然而,为了确保这些政策的有效实施,政府需要加强对资金使用的监管,确保补贴和资金能够真正用到需要的地方,并且用于提升农村发展水平的实际项目上。

(二)创新驱动与技术推广的政策框架

创新驱动和技术推广是赋能农村的重要策略,建立一个有效的政策框架,可以促进新技术的引进和应用,提升农业生产效率和农村经济水平。政策框架应包括对科研成果的转化支持、对技术推广的激励措施,以及对创新项目的资金支持。例如,政府可以设立"农业科技创新基金",专门资助农业技术研发和推广。建立技术服务平台,为农民提供最新的技术信息和操作培训。通过举办技术交流会和培训班，鼓励农业科技人员和农民之间的互动，帮助农民更快地掌握和应用新技术。通过这些措施，可以加速技术的推广和应用，推动农村经济的转型升级。

（三）跨部门协调与合作机制的建立

跨部门协调与合作机制的建立对推动农村赋能至关重要，农村发展涉及农业、财政、教育、科技等部门的协同工作，因此，需要建立一个有效的协调机制，确保各部门的资源和政策能够形成合力。例如，可以通过建立"农村发展协调委员会"来统筹各部门的工作，制定统一的发展战略并制订统一的实施方案。各部门应定期召开协调会议，交流信息，解决实际问题，并确保政策的实施不重叠、不冲突。还可以推动地方政府与相关部门建立长期合作关系，共同推进农村发展项目。通过这种机制，可以提高政策实施的效率，避免资源浪费，实现农村发展的综合效益最大化。

（四）社会资本与企业参与的激励措施

激励社会资本和企业参与农村发展是提升农村经济的重要途径，社会资本和企业的参与不仅可以带来资金，还可以引入先进的管理经验和技术，从而推动农村经济的发展。政府可以通过税收优惠、投资补贴等措施来鼓励企业投资农村。例如，设立"企业投资农业发展奖励基金"，对投资农村基础设施或农业项目的企业给予资金奖励和税收减免。政府还可以推动公私合营模式，引导企业参与农村电商、农业科技等领域的建设。通过举办创新创业大赛、招商引资活动等，吸引更多社会资本和企业参与到农村发展中。通过这些激励措施，可以有效调动社会资本和企业的积极性，实现农村经济的多元化和可持续发展。

政府在农村发展中的政策支持与赋能策略展现了其多维度的作用。政府资金与补贴政策通过提供直接经济支持和低息贷款，有效降低了农民的经济负担，并推动了农业科技的应用。创新驱动与技术推广政策框架通过设立专项基金、建立技术服务平台和举办培训活动，加速了新技术的推广和应用，提升了农业生产效率。跨部门协调与合作机制通过建立统筹协调机构和定期召开会议，确保了政策的有效实施和资源的高效利用。社会资本与企业参与的激励措施通过税收优惠和投资奖励等手段，激发了企业和社会资本对农村发展的投入和支持。这些政策和措施的实施，不仅提升了农村经济的活力，也为实现农业现代化和乡村振兴目标奠定了坚实的基础。

四、未来农村发展的前景展望

在未来的农村发展中，新质生产力、技术趋势、政策变化以及市场环境将共同塑造农村的全新面貌。随着科技的迅猛发展，智能农业和农村电商等新兴领域有望大幅提升农业生产力和农村经济的活力。人工智能、区块链和5G技术的应用将推动农业的智能化、透明化和绿色发展。政策和市场环境的变化也将深刻影响农村的发展格局，要求制定具有前瞻性和灵活性的战略规划。下面将探讨未来农村发展的前景展望，从新质生产力的潜在应用领域、未来技术趋势对农村发展的影响、政策与市场环境的变化预测以及长远发展目标与战略规划方面进行详细分析。

（一）新质生产力在农村的潜在应用领域

新质生产力指的是通过新兴科技和创新管理带来的生产力提升，农村新质生产力的潜在应用领域十分广泛。智能农业技术的应用将极大提高农业生产的效率和质量。例如，通过物联网和大数据技术，农民可以实时监控土壤湿度、气象条件以及作物生长状态，从而精准施肥和灌溉，提升农作物的产量和品质。农业机器人和无人机的使用将减少对人力的依赖，提高农业生产的自动化水平。这些技术可以进行播种、施肥、喷药等操作，降低劳动强度，提高作业效率。农村电商平台的发展将改变传统农产品的销售模式，农民可以通过网络直接对接市场，提高收入。

（二）未来技术趋势对农村发展的影响

未来技术趋势将深刻影响农村的发展格局，人工智能和机器学习将引领农业科技的变革。通过人工智能算法分析农田数据，可以实现精准农业，提高作物的产量和资源的使用效率。区块链技术将提升农产品的供应链透明度，确保从生产到销售的每一个环节的可追溯性，增强消费者的信任度。5G技术的普及将推动农业信息化的发展，实时数据传输和远程控制将变得更加高效，为农业生产提供了更强的技术支持。另一个重要趋势是绿色技术的应用，包括清洁能源和环境保护技术，这将促进可持续农业的发展，减少环境污染，实现生态平衡。未来技术的进步将使农村经济更加智能化、透明化和可持续发展。

（三）政策与市场环境的变化预测

政策与市场环境的变化将深刻影响未来农村的发展。在政策方面，政府预计将继续推进对农业和农村发展的支持政策，包括加大对农业科技创新的资金投入、优化农村土地政策以及实施税收优惠措施。这些政策旨在激励农业生产，提高农业技术水平，促进农村经济的多元化和现代化。政策的灵活调整也有助于应对农村发展中出现的新问题和挑战，确保政策措施能够有效推动农村振兴。市场环境方面，消费者对绿色和有机农产品需求的不断增加将为农村市场带来新的发展机遇。随着对环保和健康的重视加剧，农村地区可以利用这一趋势，发展绿色农业和有机农产品，提升产品附加值，拓宽市场渠道。国际贸易环境的变化也将对农村经济产生重要影响，农产品出口政策的调整可能会直接影响农村收入，尤其是依赖出口的地区。因此农村经济需要灵活应对国际市场的不确定性，通过多元化市场和提升产品竞争力来降低风险。政策与市场环境的变化要求农村发展策略具备前瞻性和灵活性，通过精准把握政策方向和市场需求，农村地区能够有效地抓住新机遇，克服潜在挑战，实现可持续发展。各级政府和农村经济主体需要密切关注政策和市场动态，及时调整发展策略，以适应不断变化的外部条件，推动农村经济的全面振兴。

（四）长远发展目标与战略规划的展望

长远的发展目标与战略规划是指导农村经济可持续发展的关键，未来农村发展的战略规划应以全面提升农民生活水平和促进农业现代化为核心目标。在战略规划中，应明确短期和长期的发展目标，包括推进农业科技创新、改善农村基础设施、提高农民收入水平等。短期内，可以通过加快农业技术推广、改善农村教育和医疗条件等措施，迅速改善农村的基础设施和人居环境。长期则应关注农村经济的结构调整，如发展农村特色产业、推动农业与旅游业的融合发展等。战略规划还需强调生态保护，推动绿色农业和可持续发展，确保农村经济的健康发展。通过科学规划和系统实施，农村发展将迈向更高质量、更可持续的未来。

未来农村发展的前景充满了机遇与挑战，新质生产力的引入，如智能农业和农村电商，将极大提升农村经济的效率和收入。技术趋势的推动，尤其是人工智能、区块链和5G，将推动农业的智能化和可持续发展。政策支持和市场需求的变化将为农村发展提供新的机遇，但也要求相应的策略调整以应对外部环境的变化。长远的战略规划应聚焦于提高农民生活水平、推动农业现代化和生态保护，通过系统化的措施，农村经济有望实现更高质量、更可持续的发展。

结　语

《乡村振兴背景下新质生产力赋能农村发展的实践研究》旨在探讨新质生产力如何在乡村振兴战略中发挥作用，推动农村经济和社会的全面发展，通过系统研究新质生产力的概念与特征、产业赋能路径、对社会治理和生态建设的影响，以及对人力资源发展的作用，本书全面揭示了新质生产力在乡村振兴中的核心作用及其实际效果。

在理论层面，本书填补了新质生产力与乡村振兴交叉研究的知识空白，提出了新的理论框架和研究视角，为理解新质生产力在乡村振兴中的作用机制提供了深入的理论支持。通过明确新质生产力的概念、特征及其与乡村振兴的互动关系，奠定了本书的研究基础。进一步探讨了新质生产力如何通过农业生产力的转型升级、农村产业的多元化发展、社会治理模式的创新及生态文明建设的推进，影响乡村振兴的各个方面。

在实践层面，本书为政策制定者和农村发展实践者提供了有力的理论支持和操作指南。详细分析了新质生产力在实际应用中的现状、创新模式及未来前景，旨在为乡村振兴战略的实施提供具体的参考和借鉴。通过深入分析新质生产力在各个领域的应用，本书不仅揭示了其在推动农村经济和社会发展的潜力，还提供了优化农村发展政策和实施路径的实践经验。

本书的研究表明，新质生产力作为推动乡村振兴的重要方式，具有深远的战略意义。它不仅能够有效促进农村产业的升级和社会治理的创新，还能推动生态文明建设和人力资源的发展，实现农村经济的全面可持续发展。希望本书的研究成果能够为中国乡村振兴战略的顺利实施提供有益的借鉴，并为进一步的研究和实践奠定坚实的基础。未来期待新质生产力能够在乡村振兴的道路上发挥更加积极的作用，助力中国农村的全面振兴与繁荣。通过不断的研究和实践，推动乡村经济社会的全面进步，实现乡村振兴战略的最终目标。

参考文献

[1] 陈健,张颖,王丹.新质生产力赋能乡村全面振兴的要素机制与实践路径[J].经济纵横,2024(4):29-38.

[2] 李嘉凌.乡村振兴背景下新质生产力赋能农业高质量发展研究[J].甘肃农业,2024(6):21-25.

[3] 吴赢,黄晓.乡村振兴背景下社会企业赋能农村社区内生式创新体系研究[J].农村经济与科技,2022,33(8):133-136.

[4] 陈梦飞,高清峰.新型职业农民赋能乡村振兴路径研究[J].合作经济与科技,2024(15):83-85.

[5] 刁丽芳,侯金妮.新质生产力赋能乡村振兴的价值意蕴、现实困境与实践路径[J].胜利油田党校学报,2024(4):23-29.

[6] 龚政.新质生产力赋能乡村振兴的理论逻辑、现实挑战与发展路径[J].当代农村财经,2024(4):17-21.

[7] 侯冠宇,张楚.新质生产力赋能乡村全面振兴[J].技术经济与管理研究,2024(6):9-14.

[8] 吴新叶.乡村振兴背景下的韧性乡村建设:学理与路径[J].贵州社会科学,2023(6):135-143.

[9] 董志遥,姜佳芸.新时代背景下大学生赋能乡村发展路径研究[J].南方农机,2023,54(24):96-100.

[10] 张月萌."新农人"赋能乡村产业振兴的作用机制研究[J].现代农机,2023(5):35-38.

[11] 赵翠萍,冯春久.产学研赋能乡村振兴的"农大实践"[J].农村农业农民,2022(17):4.

[12] 王玉叶.农村青年为乡村振兴赋能的路径研究[J].广州广播电视大学学报,2022,22(4):55-61.

[13] 马彬.乡村振兴战略背景下农业农村现代化发展路径研究[J].中共山西省委党校学报,2023,46(4):52-58.

[14] 邱少清,李琳.产业学院赋能乡村振兴实践研究[J].智慧农业导刊,2023,3(22):186-189.

[15] 曾志诚.数字生产力赋能乡村振兴的优势、挑战及进路[J].江汉大学学报(社会科学版),2024(3):5-14.

[16] 刘晓敏.乡村振兴背景下乡村研学发展策略研究[J].可持续发展,2024,14(5):5.

[17] 周斌,张菊媛.数字化赋能乡村振兴的实践路径研究[J].农业与技术,2024(8):174-177.

[18] 陈小萍.乡村振兴背景下新型农村合作社发展路径研究[J].农村经济与科技,2022,33(18):5-7.

[19] 白洁.乡村振兴背景下农村电商发展路径研究[J].农村经济与科技,2022,33(20):4.

[20] 许欢科,韦安.乡村振兴背景下数字技术赋能农村垃圾治理研究[J].无锡商业职业技术学院学报,2023,23(2):42-47.

[21] 潘匀艳.乡村振兴视阈下农村电商发展策略研究[J].商场现代化,2023(12):25-27.

[22] 陈文琼,杨青.乡村振兴背景下农村思想政治工作研究[J].传承,2023(2):68-74.

[23] 任佳嘉.乡村振兴背景下提升农村基层治理效能的路径[J].乡村科技,2022,13(10):6-9.

[24] 谢焱焱,白博文.新媒体赋能乡村振兴发展实践路径探索[J].农村经济与科技,2023(23):196-199.

[25] 唐惠敏.数字技术赋能乡村振兴的理论阐释与实践发展[J].农村经济,

2022(9):42-51.

[26] 巩海秀, 付伟. 乡村振兴背景下数字化赋能的研究与展望[J]. 云南农业大学学报(社会科学版), 2023, 17(3):9.

[27] Xu Z. Research on the Development of New-Quality Productivity to Promote Digital Rural Construction under the Background of Rural Revitalization Strategy[J]. Journal of Applied Economics and Policy Studies,2024,7(1).